Über die Gesundheitsphilosophie zum Präsentismus

Mark-Alexander Solf

Über die Gesundheitsphilosophie zum Präsentismus

Das Verständnis von Gesundheit und Krankheit und das Arbeiten trotz Erkrankung

Mark-Alexander Solf
Anästhesie / Intensivmedizin /
Notfallmedizin / Schmerztherapie
Klinikum der Universität München (LMU)
Campus Großhadern
München, Deutschland

ISBN 978-3-658-25387-5 ISBN 978-3-658-25388-2 (eBook)
https://doi.org/10.1007/978-3-658-25388-2

Die Deutsche Nationalbibliothek verzeichnet diese Publikation in der Deutschen Nationalbibliografie; detaillierte bibliografische Daten sind im Internet über http://dnb.d-nb.de abrufbar.

Springer ist ein Imprint der eingetragenen Gesellschaft Springer Fachmedien Wiesbaden GmbH und ist ein Teil von Springer Nature
Die Anschrift der Gesellschaft ist: Abraham-Lincoln-Str. 46, 65189 Wiesbaden, Germany

Inhaltsverzeichnis

Abbildungs- und Tabellenverzeichnis

Abkürzungsverzeichnis

Abb.	Abbildung
Abs.	Absatz
AOK	Allgemeine Ortskrankenkasse
ARDS	Acute Respiratory Distress Syndrome
ASVG	Allgemeines Sozialversicherungsrecht
AU	Arbeitsunfähigkeit
BGH	Bundesgerichtshof
BGM	Betriebliches Gesundheitsmanagement
bzw.	beziehungsweise
B/min	Beats per minute
°C	Grad Celsius
Co.	Compagnie
DGB	Deutscher Gewerkschaftsbund
Dr.	Doktor
ECMO	extrakorporale Membranoxygenierung
et al.	et alii
FAZ	Frankfurter Allgemeine Zeitung
GfK	Gesellschaft für Konsumforschung
HNO	Hals-Nasen-Ohren-Heilkunde
IT	Informationstechnologie
ISPOR	International Society for Pharmacoeconomics and Outcomes Research
J.	Jahre
L	Liter
m	männlich
mmHg	Millimeter Quecksilbersäule
paCO2	arterieller Kohlenstoffdioxidpartialdruck
Prof.	Professor
SGB	Sozialgesetzbuch

SIRS	Systemic Inflammatory Response Syndrome
SOFA	The Sequential Organ Failure Score
Tab.	Tabelle
US	United States
USA	United States of America
v.a.	vor allem
w	weiblich
Wo.	Woche
WHO	Weltgesundheitsorganisation
z.B.	zum Beispiel

1 Einleitung

Gesundheitsökonomie ist ein Begriff der Wirtschaftswissenschaften. Doch was wenn man dem Begriff *wörtlich* folgt. Da ist zur Rechten die Gesundheit. Zur Linken ist da die Ökonomie. Bringt man Rechts und Links zusammen, entsteht eine Koalition. Ein Bündnis aus Gesundheit und Ökonomie. Die Politik lehrt uns, dass das nicht immer einfach ist. So sollen wir Mittel und Kräfte sparsam und wirkungsvoll einsetzen, um der Gesundheit Genüge zu tun. Ob wir dies tun, soll die vorliegende Arbeit klären.

Presenteeism, eingedeutscht auch Präsentismus, ist ein Phänomen, welches jedes Jahr immense volkswirtschaftliche Kosten fordert. Die Studienlage diesbezüglich scheint klar. Doch schleppen wir uns krank zur Arbeit und zu Prüfungen. Wir jagen Titel ohne Rücksicht auf gesundheitliche und wirtschaftliche Verluste. Arbeitnehmer dezimieren sich durch Chronifizierung. Wir sparen am falschen Ende.

Prof. Dr. Dennis Nowak ist führend auf dem Gebiet der Arbeitsmedizin in Deutschland. Laut Nowak lassen sich eindeutige Steuergrößen identifizieren welche Auswirkungen auf die Häufigkeit von Arbeitsunfähigkeit haben (1). Diese Steuergrößen lassen sich in individuelle persönliche Faktoren, arbeitsplatzspezifische Faktoren und volkswirtschaftliche Faktoren gliedern. Ein niedriges Bildungsniveau, weibliches Geschlecht, zunehmendes Alter, eine kurze Zugehörigkeit zum Unternehmen oder Betrieb, starre Arbeitszeiten, ein geringes Maß an Zufriedenheit am Arbeitsplatz und ein niedriger Stand der Arbeitslosenquote scheinen Triggerfaktoren für Arbeitsunfähigkeitsmeldungen zu sein (Tab. 1).

Doch haben nicht alle Arbeitnehmer in Deutschland die gleiche Anzahl an krankheitsbedingten Fehltagen. Auch kostet nicht jeder Fehltag gleich viel. Mitunter spart man sogar Kosten, wenn man nicht zur Arbeit geht.

Zum genaueren Verständnis des Themas ist nötig, zunächst die scheinbar einfachen Begriffe Gesundheit und Krankheit zu betrachten.

M. Solf, *Über die Gesundheitsphilosophie zum Präsentismus*,
https://doi.org/10.1007/978-3-658-25388-2_1

Tabelle 1: Steuergrößen der Häufigkeit von Arbeitsunfähigkeit (AU)

	AU Häufigkeit steigernd	AU Häufigkeit vermindernd
arbeitsplatz-spezfisch	• kurze Zeitdauer der Betriebszugehörigkeit • starre Arbeitszeiten • Vollzeitarbeit • wenig Freiraum am Arbeitsplatz • unzufrieden am Arbeitsplatz	• lange Zeitdauer der Betriebszugehörigkeit • flexible Arbeitszeiten • Teilzeitarbeit • viel Freiraum am Arbeitsplatz • zufrieden am Arbeitsplatz
volks-wirtschaftlich	• niedrige Arbeitslosenzahl	• hohe Arbeitslosenzahl
persönlich-individuell	• ältere Arbeitnehmer • niedriger Bildungsstand • weibliche Arbeitnehmer	• jüngere Arbeitnehmer • höherer Bildungsstand • männliche Arbeitnehmer

2 Gesundheit und Krankheit

2.1 Das weltweite Netz

Das deutsche Arbeitsrecht bietet der Exekutive nicht selten ausreichend Spielraum zur Gestaltung, doch sind die meisten Arbeitsverträge recht ähnlich formuliert. Dies gilt zumindest bezüglich des Verhaltens bei unerwarteter Krankheit (2). Unmittelbar nach der Krankmeldung des Arbeitnehmers informiert eine große Universitätsklinik den Kranken wie folgt: „Ab dem 3. Krankheitstag (Kalendertag, nicht Arbeitstag!) muss eine Arbeitsunfähigkeitsbescheinigung beim Arbeitgeber vorgelegt werden." Fühlt sich der Arbeitnehmer zu krank, um seiner Dienstaufgabe nachzukommen, obliegt ihm das Recht zwei Tage dem Arbeitsplatz fernzubleiben. Dabei bedarf es keiner rechtfertigenden ärztlichen Bestätigung der Krankheit. Die primäre Einschätzung des physisch-psychischen Zustandes des Arbeitnehmers obliegt ihm allein. Im Jahr 2017 verzeichnete Deutschland etwa 506.000 Ärzte. Die Bevölkerungszahl in diesem Jahr betrug etwa 82,5 Millionen. Dies entspricht einem Satz von etwa 99,4 % an Nicht-Ärzten (3, 4). 99,4 % der Bevölkerung können objektiv und wertfrei als medizinische Laien angesehen werden. 99,4 % der Bevölkerung entscheiden als Nicht-Ärzte über ihren Zustand als gesund oder krank. Wie schwierig die primäre Einschätzung des Gesundheitszustandes für Ärzte und wie viel schwieriger sie für Nicht-Ärzte ist, verdeutlichen die folgenden Seiten.

Bei der Definition eines Begriffes oder bei dessen Erläuterung hilft heute das Internet. Dabei ist insbesondere die Suchmaschine Google führend. Der formale erste Treffer obliegt regelhaft der Internet Enzyklopädie Wikipedia. Diese gilt als das weltweit umfangreichste Lexikon. Doch auch das große Nachschlagewerk der deutschen Rechtschreibung, der Duden, hat seine Gültigkeit behalten (07.07.1980 - Konrad Duden). So sollen diese beiden etablierten Kompendien im Folgenden zurate gezogen werden (5, 6, 7, 8).

Der typische Ablauf einer morgendlichen Krankmeldung mag dem folgenden Muster unterliegen: Man erwacht mit dem Gefühl des „Unwohlseins". Manchmal schmerzt der Hals, häufiger schmerzt der Bauch. Vielleicht überkommt einen Übelkeit oder Schwindel. Mitunter trifft sogar alles zu. Es gilt zu klären ob eine Krankheit vorliegt, denn es gilt abzuwägen, ob ein Fernbleiben der Arbeit sinnvoll ist. Vielleicht ist das Fernbleiben sogar essenziell. Hier hilft bestimmt der Duden.

Gesundheit definiert der Duden als „Zustand oder bestimmtes Maß körperlichen, psychischen oder geistigen Wohlbefindens; Nichtbeeinträchtigung durch

M. Solf, *Über die Gesundheitsphilosophie zum Präsentismus*,
https://doi.org/10.1007/978-3-658-25388-2_2

Krankheit". Schon hier wird deutlich wie unklar der Zustand definiert ist, welchen wir im Allgemeinen als „Gesundheit" bezeichnen. Wohlbefinden ist wohl weitestgehend als wünschenswerter Zustand zu verstehen, jedoch nennt der Duden weder Maxima noch Minima dieses Zustands. Der Duden ist bezüglich seiner Definition mit einem „bestimmten Maß" an Wohlbefinden zufrieden, doch definiert er das exakte Ausmaß des „bestimmten Maßes" nicht. Von einer numerischen Skalierung sieht er ab. Wohl wäre dies in der menschlichen Gesellschaft auch gar nicht möglich. Letztlich sind doch alle Individuen mit unterschiedlichsten Maßstäben und Werten. Vor dem Hintergrund der menschlichen Vielfalt scheint es korrekt das exakte Ausmaß des „bestimmten Maßes" nicht numerisch zu deklarieren. Und doch verwendet der Duden eben den Ausdruck „bestimmt". So impliziert er das exakte Ausmaß des Maßes an Wohlbefinden zu kennen, welches Gesundheit definiert. Doch sieht er eben davon ab das exakte Ausmaß zu nennen. Des Weiteren nimmt der Duden eine strikte Dreiteilung des Wohlbefindens vor, doch deklariert er keine Abhängigkeit vom körperlichen, psychischen oder geistigen Wohlbefinden. Schließlich verwendet der Duden das Wort *oder* und nicht das Wort *und*. Dieser Gedankengang steht klar gegen den Trend der modernen Medizin. Die moderne Medizin ist stets bemüht die ganzheitliche Anschauung der somatischen und psychischen Konstitution zu etablieren.

Es folgt der Versuch die spezifische Wortwahl des Dudens zu deuten. Mit dem Ausdruck „körperlich" ist wohl die somatische Konstitution gleichzusetzen. Der Ausdruck „psychisch" darf wörtlich übernommen werden. Der Ausdruck „geistig" bleibt zunächst unklar. Der Duden impliziert mit dem Wort *oder* eine klare Trennung von körperlicher, psychischer und geistiger Konstitution. Das geistige Wohlbefinden scheint von dem psychischen Wohlbefinden trennbar. Ebenso scheint das somatische Befinden von dem psychischen und dem geistigen Befinden trennbar. Dies ist undenkbar für die moderne psychosomatische Medizin und deren ganzheitlichen Ansatz. Nur vermuten mag man, dass der Duden mit dem Ausdruck „geistig" vom spirituellen Wohlbefinden spricht. Spirituelles Wohlbefinden schlägt die gedankliche Brücke zur Religiosität und dem Glauben des Einzelnen. So lässt der Duden auch hier genug Raum für Interpretation - vielleicht zu viel.

Zurück zum Szenario der Krankmeldung. Der Blick in den Duden war bislang wenig wegweisend, doch vielleicht kann der Duden mit dem Antonym helfen. Unter dem Begriff Krankheit findet man im Duden die folgende Definition: „körperliche, geistige oder psychische Störung, die an bestimmten Symptomen erkennbar ist" (9). So ist der Duden konsequent in seinen drei Dimensionen: körperlich, psychisch und geistig. Auch ist der Duden konsequent in seiner Trennbarkeit der Dimensionen somatisch, psychisch und geistig. Für den Duden ist jedwede Störung einer Dimension von Krankheitswert. Doch ist die Umschreibung einer Erkrankung als Störung wenig konkret. Die Definition von Krankheit scheint beim Duden ähnlich offen wie die Definition der Gesundheit. Zudem wirken einige Ausdrucksweisen absurd. Da ist zum einen die psychische Störung. Zum anderen ist da die geistige Störung. Beide dienen der Umschreibung des Krankheitsbegriffes. Der Autor der vorliegenden Arbeit maßt sich nicht an einen adäquaten Gegenvorschlag zu nennen. Doch scheint die Ausdrucksweise *geistig gestört* heutzutage obsolet. Diese Formulierung steht in enger Relation zu dem Stigma der Begrifflichkeit *Geisteskrankheit*. Ein Stigma, das die moderne psychiatrische Medizin seit Jahrzehnten versucht zu eliminieren. Vermutlich zu Recht. So vermag der Duden auch mit der Definition von Krankheit nicht zur adäquaten Krankmeldung verhelfen (10).

Nun soll Wikipedia helfen; die Entscheidung zwischen krank und gesund korrekt zu fällen. So definiert Wikipedia den Begriff Gesundheit mit den folgenden Zeilen: „Gesundheit wird, auf den einzelnen Menschen bezogen, als Zustand des körperlichen *und/oder* geistigen subjektiven Wohlbefindens aufgefasst. Auf eine Population bezogen steht Gesundheit für ein möglichst geringes Ausmaß an Krankheitslast. Gesundheit hat mit dem Erleben eine subjektive Seite, und erscheint andererseits auch objektiv feststellbar über das Nicht-Vorliegen von Krankheit, bei Fehlen einer medizinischen Diagnose“ (11). Die Ausformulierung ins Detail zu analysieren soll nicht Bestandteil der vorliegenden Arbeit sein. Eine kurze Besprechung der Definition erscheint jedoch sinnvoll. Laut Wikipedia ist Gesundheit eindeutig objektivierbar. Gesundheit liegt vor „bei Nicht-Vorliegen von Krankheit, bei Fehlen einer medizinischen Diagnose“. Endlich scheint die Situation eindeutig: Fehlt eine medizinische Diagnose liegt keine Krankheit vor. Folglich ist man gesund.

In Deutschland ist es dem approbierten Arzt, dem staatlich legitimierten Heilpraktiker und dem klinischen Psychologen vorbehalten medizinische Diagnosen zu stellen. Medizinische Diagnosen von arbeitsrechtlicher Bedeutung sind in der Regel dem Arzt vorbehalten. Generell ist die Krankschreibung durch den Heilpraktiker rechtlich möglich. Diese kann jedoch von den gesetzlichen Krankenkassen zurückgewiesen werden. Ebenso hat der Arbeitgeber das Recht; die nicht-ärztliche Krankschreibung zu ignorieren (12). Dem medizinischen Laien ist es jedoch in jedem Fall untersagt; eine Diagnose zu stellen. Laut Wikipedia liegt bei Fehlen einer medizinischen Diagnose keine Krankheit vor. Liegt keine Krankheit vor; so definiert Wikipedia den Menschen als gesund. Wie erwähnt kann die arbeitsrechtlich wirksame medizinische Diagnose ausschließlich vom Arzt gestellt werden. So entsteht die folgende Problematik: Laut Wikipedia ist man ohne medizinische Diagnose nicht erkrankt. Die Diagnose zu stellen ist dem medizinischen Laien untersagt. Weit über 90 % der deutschen Bevölkerung sind weder Arzt noch Heilpraktiker, noch klinischer Psychologe, doch haben Arbeitnehmer regelhaft das Recht bei „Erkrankung“ zwei Tage der Arbeit fernzubleiben. Hierfür ist ausschließlich die Selbstdiagnose nötig.

Die Schwierigkeiten der Definitionen von Gesundheit und Krankheit werden immer deutlicher, doch scheint der Umgang mit diesen noch diffiziler. So stehen medizinische Profis als auch medizinische Laien vor Problemen. Doch ergibt sich durch die Ungenauigkeit der Definition auch eine Chance für den medizinischen Laien: Das eigenmächtige Fernbleiben der Arbeitsstelle durch die Selbstdiagnose.

Selbstverständlich kennt auch die wissenschaftliche Weltliteratur Interpretationen von Krankheit und Gesundheit. Jene sind jedoch dem Bürger nicht regelhaft primär zugänglich. Im Alltag wird sicher dem weltweiten Netz als Informationsquelle der Vorrang gegeben. Diesbezüglich wurden Wikipedia und der Duden erwähnt. Der aktuelle Stand der Wissenschaft wurde in dieser Arbeit bewusst hintenangestellt. Nun soll er jedoch der Vollständigkeit halber Erwähnung finden.

2.2 Wissenschaftliche Ansätze

Der Absolutismus der Begriffe *Gesundheit* und *Krankheit* wurde durch praktische Vernunft verlassen. So hat jeder die Erfahrung gemacht, dass Gesundheits- und Krankheitserleben als kontinuierliche Prozesse verstanden werden müssen. Gesundheit und Krankheit stellen keine strikt trennbaren Zustände dar. Beispielsweise kann man schwer krank, kränkelnd, auf dem Weg der Besserung und in Bayern sogar *pumperl-gsund* sein. Wer am Montag noch krank war, kann am Freitag wieder gesund sein, doch am Dienstag, Mittwoch und Donnerstag befand man sich in Stadien der Genesung und/oder der Erkrankung. Erneut wird deutlich, wie schwierig die Entscheidung bezüglich der eigenen Krankheitsschwere ist. Umso schwieriger scheint die Entscheidung des konsequenten Fernbleibens von der Arbeit.

Immer wieder wird der Versuch unternommen Krankheit als eine Abweichung von der Norm zu definieren – doch was ist schon *normal.*

Beispielsweise kennt die Humangenetik Normzustände. So liegen Gene diploider Lebensformen in der Regel paarweise vor. Divergente Zustände der jeweiligen Gene werden als Allele tituliert. Unterschiedliche Genausprägungen der jeweiligen Paare werden je nach Häufigkeit in einer Population differenziert bezeichnet. Man kennt das „normale“ Allel, den Polymorphismus und die Mutation. Kommt das seltenere Allel mit einer Häufigkeit von mindestens 1 % vor, sprechen Genetiker von Polymorphismus. Seltenere Varianten werden als Mutation bezeichnet (13). In der Bezeichnung Polymorphismus klingt doch eine ganze Spur positiver Andersartigkeit mit. Die Mutation, als die weitläufigere Aberration von der „Normalität“, wirkt negativ belastet. Dabei ist ungeklärt; ob jede Mutation einen Krankheitswert besitzt. Auch ist fraglich, ob die humangenetischen Prozentregeln auf die Gesundheits- und Krankheitsbegriffe übertragbar sind. Eine Verallgemeinerung scheint praktisch nicht möglich. So hätten zwei laufende Nasen unter 100 nicht laufenden Nasen keinen unmittelbaren Krankheitswert. Die Träger der laufenden Nasen sähen dies bestimmt anders, doch wären sie nach der Humangenetik lediglich als *Polymorphisten* zu bezeichnen. Folgt man dem humangenetischen Ansatz, so ist eine Erkrankung erst im Abgleich mit einem Vergleichskollektiv feststellbar. Vor der morgendlichen Krankmeldung wäre zunächst die Kontaktaufnahme zu 100 Arbeitskollegen nötig. Diese wären nach ihrem Befinden zu befragen. Lediglich wenn man alleine erkrankt wäre, läge eine Mutation (mit Krankheitswert) vor.

Normalität kann in unterschiedlichsten Dimensionen definiert werden, doch Abwesenheit von Normalität als krankheitswertig zu titulieren, scheint mehr als fragwürdig. Mathematiker kennen statistische Normen aus Berechnungen von Standardabweichung, Mittelwert und Median. Die Gesellschaft kennt Ideale als wünschenswerte Normen. Ideale Normen können statistisch oft nicht erreicht werden. Individuen kennen funktionale Normen. Mit diesen können sie innerhalb ihrer eigenen Mikroumwelt suffizient funktionieren. So scheint auch Normalität nicht unmittelbar zielführend bezüglich der Definition von Gesundheit (14).

Eine Institution, die es wissen sollte, ist die Weltgesundheitsorganisation (WHO – World Health Organization). Die WHO definiert Gesundheit seit 1948 wie folgt: „Gesundheit ist ein Zustand völligen psychischen, physischen und sozialen Wohlbefindens und nicht nur das Freisein von Krankheit und Gebrechen. Sich des bestmöglichen Gesundheitszustandes zu erfreuen ist ein Grundrecht jedes Menschen, ohne Unterschied der Rasse, der Religion, der politischen Überzeugung, der wirtschaftlichen oder sozialen Stellung“ (15). Die Dimension *Psyche* ist aus der Definition des Duden geläufig. Der Begriff *physisch* darf wohl mit *somatisch* und/oder *körperlich* äquivalent verwendet werden. Neu hingegen ist die Dimension *sozial*. Diese Dimension fehlte auf den internet-basierten Portalen Wikipedia und Der Duden. Für die WHO scheint Gesundheit im sozialen Wohlbefinden fest verankert. So definiert sie Gesundheit als menschliches Grundrecht. Im Grundrecht darf die wirtschaftliche und soziale Stellung des Einzelnen keine Rolle spielen. Das deutsche Gesundheitswesen pflegt seit Jahrzehnten ein Zwei-Klassen-System. Die diesbezügliche Grundsatzdiskussion soll nicht Gegenstand der vorliegenden Arbeit sein. Die Definition der WHO des Gesundheitsbegriffes macht jedoch den folgenden Hinweis unabdingbar: Die medizinische Versorgung hierzulande ist merklich vom Versicherungsstatus des Individuums abhängig.

Die Grundrechte findet man in Deutschland in der Bundesverfassung, teilweise auch in den Landesverfassungen. Sie sind Bestandteile des öffentlichen Rechts und bindend für alle Institutionen der Staatsgewalt (16). Tatsächlich garantiert das Grundgesetz der Bundesrepublik ein Recht auf körperliche Unversehrtheit, doch bleiben psychische, seelische und geistige Unversehrtheit im Grundrecht unerwähnt. So sind diese möglicherweise von jeglicher Garantie ausgeschlossen. Artikel 2 Absatz 2 des Grundgesetzes der Bundesrepublik Deutschland postuliert: „Jeder hat das Recht auf Leben und körperliche Unversehrtheit. Die Freiheit der Person ist unverletzlich. In diese Rechte darf nur auf Grund eines Gesetzes eingegriffen werden“ (17).

Die Bundesrepublik Deutschland scheint sich mit der WHO grundsätzlich einig: Die Gesundheit des Einzelnen ist ein hohes Gut. Beide Institutionen sprechen der Gesundheit ein Grundrecht zu. Die Umsetzung dieses Grundrechtes ist jedoch nur schwer möglich. Dies gilt sowohl für die Bundesrepublik Deutschland als auch für die Weltgesundheitsorganisation. Die deutsche Zwei-Klassen-Medizin ist ein direkter Störfaktor bei der Ausübung dieses Grundrechtes. Auch scheitert es in der Praxis regelhaft an der Identifikation eines definitiven Schuldigen. So gilt auch hier der juristische Leitsatz: *Wo kein Kläger, da kein Richter und wo kein Richter, da kein Henker.*

Ein Beispiel: Jemand hat sich erkältet. Die Nase läuft. Es folgt die morgendliche Krankmeldung. Nun ist zu klären, wer des Kranken Grundrecht verletzt hat.

Die Ansteckungskaskade der überfüllten U-Bahn zu eruieren, ist wohl wenig zielführend. Nach dem deutschen Rechtsverständnis ist derjenige zu belangen, welcher ursächlich für den Krankheitsfall des Arbeitnehmers ist. Im Krankheitsfall sieht der Gesetzgeber zunächst die uneingeschränkte Lohnfortzahlung vor. Diese erfolgt seitens des Arbeitgebers an den Arbeitnehmer. Erst nach der Frist von sechs Wochen fällt die Lohnfortzahlung, nun als Krankentagegeld bezeichnet, der gesetzlichen Krankenversicherung zu. Das Krankentagegeld fällt dabei deutlich niedriger aus. Es entspricht 70 % des ursprünglichen Bruttogehaltes und ist auf höchstens 90 % des Nettogehaltes limitiert.

So mag der Dienstausfall die vermeintlich Richtigen treffen. Dies bedeutet: Der Arbeitgeber und auch die Krankenkassen haben maßgeblich zur schlechten gesundheitlichen Konstitution des Arbeitnehmers beigetragen. Sowohl Arbeitgeber als auch Krankenkassen führen die Zahlung gegenüber dem Arbeitnehmer fort. Sie erhalten dafür vom Arbeitnehmer weder seine Arbeitskraft noch irgendeine andere Gegenleistung. Schließlich wurde das Grundrecht des Arbeitnehmers auf Gesundheit verletzt. Die ordnungsgemäße Strafverfolgung sieht vor, den Schuldigen zur Rechenschaft zu ziehen. Zur Rechenschaft gezogen werden der Arbeitgeber und die Krankenkassen. Dies impliziert, dass der Arbeitnehmer durch Auswirkungen der Arbeit erkrankt ist. Deutschland zählt etwa 40 Millionen Erwerbstätige. Etwa 20 % der Arbeitsunfähigkeitsmeldungen sind arbeitsbedingt. Allein dieser Anteil kostet die deutsche Volkswirtschaft jedes Jahr einen zweistelligen Milliardenbetrag (1). So scheint die Strafe des Arbeitgebers nicht gänzlich unangemessen.

Die deklarierte Strafverfolgung identifiziert einen weiteren Schuldigen. Die Krankenkassen haben ebenfalls durch Versorgungsmangel und weitere Einschränkungen zur Krankheit des Arbeitnehmers beigetragen. Jedoch werden die Kassenbeiträge großteilig von dem Erkrankten selbst getragen. Der Versicherungsnehmer geht somit in Vorauskasse. So scheint der Kranke für seine Erkrankung letztlich selbst verantwortlich zu sein. Der Erkrankte bestraft sich selbst, wenn auch im Voraus.

Selbstverständlich sind diese Ausführungen großteilig philosophischen Charakters. Die Schärfe der Worte und Aussagen ist vor diesem Hintergrund zu werten. Diese Zeilen sind jedoch erneuter Hinweis darauf, wie schwierig die Definition von Gesundheit und Krankheit ist.

Noch weitaus schwieriger ist die Erfassung der weitläufigen Konsequenzen. Die Stakeholder an der Erkrankung eines Arbeitnehmers sind zahlreich. Deren Anzahl und Betroffenheit sind regelhaft abhängig von dem Verlauf und der Schwere der Erkrankung. Dabei sind neben Patienten, Arbeitgebern, Kollegen und Krankenkassen auch die Familien und Freunde der Patienten sowie die Ärzte und Pharmazeuten betroffen. Oftmals sind sogar Vermieter und Nachbarn tangiert. Mitunter erkennt der Erkrankte, dass neben ihm selbst multiple Stakeholder in Mitleidenschaft gezogen werden. So mögen in dem Erkrankten Gefühle aufkommen, welche dem Sozialwesen Mensch ureigen sind. Dem pflichtbewussten Arbeitnehmer mag sein eigener Arbeitsausfall unangenehm und unehrenhaft erscheinen. Auch ein Gefühl der Peinlichkeit ist denkbar, den Auswirkungen der eigenen Erkrankung auf die soziale Umwelt geschuldet.

Traurig, doch nicht selten, ist die Angst vor dem Verlust des eigenen Arbeitsplatzes. Auch daraus resultiert ein Phänomen, das als *Präsentismus* bezeichnet wird. Der Präsentismus ist mittlerweile auch in Deutschland tief verwurzelt.

Genaueres zu dem Schlüsselbegriff Präsentismus folgt im weiteren Verlauf der vorliegenden Arbeit. Zunächst soll erneut die Gefühlslage des Erkrankten besprochen werden. Es soll geklärt werden, ob die negativen Gefühle des Erkrankten eine Berechtigung haben. Dafür ist zu unterscheiden, ob die negativen Gefühle durch die persönliche psychosoziale Konstitution des Einzelnen oder seine soziale Umwelt zu verantworten sind. Im Dezember 1902 wurde in Colorado Springs der US-amerikanische Soziologe Talcott Parsons geboren. Parsons verstarb im Jahr 1979 im Alter von 76 Jahren in München. Nach seinem Universitätsabschluss in Heidelberg bis weit in die 1970er Jahre galt Parsons als der einflussreichste theoretische Soziologe (18). Parsons zufolge geht mit der Erkrankung eines Menschen eine unmittelbare Pflicht einher. Dem Erkrankten wird auferlegt, all seine persönlichen individuellen Ressourcen auszuschöpfen, um die Krankheit zu bewältigen. Der Erkrankte wird diesbezüglich von seiner Sozialpflicht entbunden und nicht zur Verantwortung gezogen. Die Arbeit ist Teil der Sozialpflicht. Der Freispruch kann ausschließlich durch einen legitimierten Experten erfolgen. Zudem bedarf der Freispruch einer aktiven Handlung des Experten. Laut Parsons ist dieser Experte eine approbierte Ärztin oder ein approbierter Arzt. Der Freispruch verpflichtet den Erkrankten, alles ihm Mögliche zur vollkommenen Wiederherstellung seines Gesundheitszustandes zu tun. Mediziner bezeichnen diesen Zustand als *Restitutio ad Integrum*. Der Erkrankte hat die Pflicht, die medizinische Expertise in Anspruch zu nehmen (19). Eine Krankmeldung kann in eine negative Gefühlswelt münden. Nach Parsons scheinen die Gefühle der Betroffenen nicht abwegig. Parsons nimmt den Erkrankten in die Pflicht der aktiven Genesung. Dies lässt eine Mitschuld an der eigenen Erkrankung vermuten.

Selbstverständlich ist fraglich, wie zeitgemäß die Gedanken des Soziologen sind, doch vielleicht argumentiert man auch zu oft mit dem zeitlichen Verfall bestimmter Philosophien. Manches behält seine Gültigkeit länger als gewünscht. So scheint es oft einfach, bestimmte Aussagen als nicht mehr modern oder auf die heutige Zeit nicht mehr übertragbar, abzutun. Der Autor vermag nur zu mutmaßen, ob Parsons Ausführungen ihre Aktualität behalten haben. Gänzlich ein Relikt der Vergangenheit sind sie wohl nicht.

So kennt auch der derzeitige Stand der Wissenschaft keine einheitlichen Formulierungen bezüglich der Begriffe *Gesundheit* und *Krankheit*, doch wurden zahlreiche Formulierungsversuche bereits unternommen. Die Versuche basieren regelhaft auf der Definition der Weltgesundheitsorganisation aus den 1940er Jahren. Die WHO definierte Gesundheit damals wie folgt: „Health is a state of complete physical, mental and social wellbeing and not merely the absence of disease or infirmity.“ In den Folgejahren wurden mannigfaltige Umformulierungen und Neuinterpretation des Gesundheitsbegriffes veröffentlicht. Daran beteiligt war die soziologische, psychologische und medizinische Forschung. Im Jahr 1987 sah sich die WHO in der Verantwortung, den Begriff Gesundheit auf ein einheitliches Maß zu reduzieren. Sie veröffentlichte die „Concepts of health and health promotion“. Dabei unternahm die WHO nicht grundlegend mehr als die Gemeinsamkeiten der unterschiedlichen Definitionen zusammenzufassen. Seither wird ein Gesunder verstanden als eine Person im Gleichgewicht mit sich und ihrer Umwelt. Die Person ist frei von Symptomen und hat eine positive bejahende psychologische Struktur. Dabei sind der Person Möglichkeiten gegeben, den Anforderungen ihrer Umwelt Herr zu werden. Zudem kann die Person den eigenen individuellen Zielen strukturiert nachgehen (20). So ging aus der Neuformulierung der WHO dennoch ein Paradigmenwechsel hervor. Der Gesundheitsbegriff durchlief den Charakterwechsel vom akuten Ist-Zustand zum Prozess der Gesundheit. So verstand sich Gesundheit erstmals als dynamischer Vorgang von Krankwerden bis Genesen. Die WHO erwähnte auch die Prävention als Prinzip der Gesundheitsförderung. Zudem fiel ein Augenmerk auf die Umwelt der Menschen. So steht die Umwelt in Abhängigkeit oder Interaktion mit der persönlichen Gesundheitsstruktur des Individuums.

In den Folgejahren sprachen Ducki et al. erneut die Verbundenheit von Umwelt und Individuum an. Zudem bestätigten sie den dynamischen Charakter von Gesundheit und Krankheit (21, 22). Dabei soll vor allem Antje Ducki, Professorin für Arbeits- und Organisationspsychologie in Berlin, Aufmerksamkeit geschenkt werden. Bereits 1992 entwickelte sie mit ihrer Kollegin Birgit Greiner das Konzept der Handlungsregulationstheorie. Im Jahr 2000 wurde dieses Konzept von ihr modifiziert und perfektioniert (23). Ducki und Greiner unterstrichen zunächst den prozessualen Charakter des Lebens an sich. Das Leben beinhaltet selbstverständlich auch Gesundheit und Krankheit. Der Prozess ist für die Wissenschaftlerinnen stark von individuellen Verausgabungen und Umweltreizen abhängig. Schwankungen der Leistungsfähigkeit innerhalb des Tagesverlaufes sind normal und zu berücksichtigen. Ebenso verhält es sich mit Leistungseinbußen durch Krankheit. Für die positiv ablaufende Handlungsregulationstheorie ist die adäquate Körperwahrnehmung des Individuums Voraussetzung. Müdigkeitserscheinungen und Krankheitssymptome müssen selbstständig detektiert werden. In der Folge sind konsequentes Innehalten und Schonen nötig. Werden die körperlichen Symptome und Leistungseinbußen missachtet, potenziert sich die Beanspruchung. So gesehen beim Arbeiten trotz Krankheit. Dies ist als gesundheitsschädliche Verhaltensweise zu deuten. Die möglichen Reserven werden ausgeschöpft. Die Erkrankung schreitet fort. Symptome persistieren oder exazerbieren. Krankheiten gehen in chronische Stadien über.

Die Forschung sieht Krankheit oft als Abweichung von der Norm. Die diesbezügliche Schwierigkeit resultiert aus der unklaren Definition von Norm an sich. Die meisten Autoren sind sich einig, dass bei Krankheit die subjektive Qualität und das subjektiv normative Leben eingeschränkt sind (24).

2.3 Krank vor dem Gesetz

Wer sich krank meldet, kann der Arbeit fernbleiben. Eine Gesundmeldung hingegen ist regelhaft nicht nötig. In Einzelfällen kann sie jedoch nach der Genesung gewünscht sein. So sehen sich auch die Gesetzgeber im Zugzwang, den Krankheitsbegriff zu konkretisieren. Bei der folgenden Ausformulierung handelt es sich jedoch um keine gesetzliche Definition von Krankheit. Die Formulierung ist dennoch Bestandteil des Sozialgesetzbuches. Somit wurde die Formulierung von der Gesetzgebung herausgearbeitet. Das allgemeine Sozialversicherungsrecht (ASVG) greift den Ansatz von Krankheit als Abweichung der Norm auf. Laut ASVG ist Krankheit ein regelwidriger Zustand. Von der Regelwidrigkeit kann der Körper oder der Geist betroffen sein. So trennt auch das ASVG den Körper vom Geist. Das Wort *oder* verdeutlicht dieses. Somit steht das ASVG entgegen der Überzeugung der modernen psychosomatischen Medizin. Nach dem ASVG ist der regelwidrige Zustand nur dann krankheitswertig, wenn er eine Behandlung erfordert. Dabei definiert das ASVG nicht die Form der Behandlung. Die ärztliche Behandlung ist also ebenso denkbar wie einfaches Schonverhalten (25, 26).

Aus den 1960er Jahren stammt ein Urteil des Bundesgerichtshofes (BGH), welches Krankheit auf eine ähnliche Art und Weise beschreibt. Auch diese Beschreibung offenbart einige Angriffspunkte. Bei dem Urteil des BGH steht ebenfalls die Abweichung von der Norm im Mittelpunkt. Beschrieben wird Krankheit als „jede Störung der normalen Beschaffenheit oder der normalen Tätigkeit des Körpers". Zunächst entbehrt das Urteil des BGH die Dimensionen geistig oder psychisch. Es reduziert somit den Krankheitsbegriff auf ein somatisches Maß („Körper"). Hochinteressant rundet der BGH sein Urteil bezüglich Krankheit ab. Laut dem BGH muss die Störung „geheilt, d. h. beseitigt oder gelindert" werden können (27). Der Verlauf chronischer Erkrankungen kann stetig progredient und therapieresistent sein. Somit fallen chronische Beschwerden nicht unter das Urteil des BGH und sind folglich keine Krankheiten. Auch Krankheiten mit infauster Prognose finden, zumindest in finalen Stadien, beim Urteil des BGH keine Beachtung.

Eine Reaktion auf dieses Urteil seitens der Gesetzgebung war unumgänglich. Im Mai 1972 wurde seitens des Bundessozialgerichtes ein Urteil gefällt, das ebenfalls die Definition von Krankheit inkludierte. Die Definition wurde sozialrechtlich im Sozialgesetzbuch (SGB) verankert. Sie hatte somit bindenden Charakter für die gesetzlichen Krankenkassen. Als Grundlage für die Definition diente erneut die Abweichung von der Norm als regelwidriger Zustand. Die Dimensionen des regelwidrigen Zustandes entsprachen dem ganzheitlichen Ansatz der Medizin. Die regelwidrigen Zustände konnten körperlicher und geistiger, je nach Quelle sogar seelischer Natur sein. Das Bundessozialgericht entschied, dass der regelwidrige Zustand eine „Arbeitsunfähigkeit und/oder Behandlung oder beides nötig" machen muss. Um unter einer Krankheit nach dem Bundessozialgericht zu leiden war also eine bestimmte Form der Behandlung nötig. Diese Form der Behandlung wurde im weiteren Verlauf präzisiert (28, 29, 30, 31).

Drei Konstrukte sind sozialrechtlich für die Etablierung des Krankheitsbegriffes denkbar. Zunächst soll die Erkrankung nach dem medizinischen Stand der Wissenschaft durch ärztliches Personal behandelt werden. Dabei soll eine Linderung der Beschwerden eintreten oder ein Fortschreiten der Erkrankung verhindert werden. Somit werden Krankheiten mit infauster Prognose in die Definition eingeschlossen, jedenfalls bis diese Krankheiten das finale Stadium erreichen. Das Fortschreiten solcher Erkrankungen ist zwar nicht zu verhindern jedoch häufig einzubremsen. Auch ist es in der Regel möglich, die Beschwerden, die durch die Erkrankungen verursacht werden, zu lindern.

Des Weiteren fordert das Sozialrecht eine Außenwirksamkeit der Erkrankung. So reicht eine genotypische Aberration ohne konsequenten aberranten Phänotyp nicht aus.

Als letzten Punkt fordert das Sozialrecht, dass die anzuerkennende Krankheit überhaupt einer Behandlung bedarf. Das heißt, dass bezüglich der Krankheit eine „anerkannte medizinische Notwendigkeit" der Behandlung vorliegt. Diese Forderung scheint mehr als abstrakt. Sie ist augenscheinlich von der jeweiligen subjektiven Einschätzung des behandelnden Mediziners abhängig. Auch nennt das Sozialrecht nur wenige Beispiele, die die Forderung erfüllen. So sind ästhetische Behandlungen ohne medizinische oder psychologische Indikation nach dem Sozialrecht nicht von Krankheitswert. Eine psychisch anerkannte Krankheit infolge einer ästhetischen Störung kann jedoch in der Anerkennung der ästhetischen Störung als anerkanntes Krankheitsbild resultieren (z.B. Androgenetische Alopezie → Depression). So kann die Haartransplantation ärztlicherseits als einzig kausale Therapie der Depression beschrieben werden. Folglich stellt die Transplantation eine sozialrechtlich anerkannte Behandlung dar (32, 33). Die absolute Kostenübernahme der Behandlung seitens der gesetzlichen Krankenkassen ist dennoch selten. Es handelt sich stets um eine Einzelfallentscheidung. Ein häufiger Kniff der ästhetischen Medizin ist die Verbindung einer ästhetischen Störung mit einer bereits anerkannten Krankheit. Daraus resultiert oftmals eine sozialrechtlich anerkannte Behandlung. Beispielsweise kann eine operative ästhetische Korrektur der Nase an die Diagnose der Septumdeviation (Nasenatmungsbehinderung) geknüpft werden.

2.4 Grau, treuer Freund, ist alle Theorie

Letztlich verbleiben mannigfaltige Definitionen, Erklärungen und Ausführungen zu Krankheit und Gesundheit. Eine Empfehlung bezüglich einer spezifischen Definition steht dem Autor der vorliegenden Arbeit nicht zu.

Wann ist also ein morgendliches Unwohlsein ausreichend, um der Arbeit fern zu bleiben. Mitunter mag das morgendliche Unwohlsein die Abwesenheit von der Arbeitsstelle sogar strikt notwendig machen. Der morgendliche Blick auf die schnelllebigen Informationsplattformen des weltweiten Netzes war wenig zielführend. Der rasche Blick auf den aktuellen Stand der Forschung ist den meisten sicher unzugänglich. So sollen objektiv messbare Größen die „Krankheitsschwere" klären. Deswegen soll erneut am Symptom der *laufenden Nase* ein alltägliches Exempel statuiert werden. Vor allem in den Wintermonaten sind die laufende Nase und das Kratzen im Hals häufige Gründe für betriebliche Krankmeldungen. Doch auch in den heißen Monaten häufen sich die Krankmeldungen aufgrund dieser Symptomatik. Die Abgrenzung banaler Erkältungskrankheiten von der gefährlichen echten Grippe (Influenza) ist von großer medizinischer Bedeutung. Die Dynamik der Symptome und das Maximum der Körpertemperatur können wegweisend sein. Oftmals präsentiert sich die Influenza mit einem raschen Anstieg der Körpertemperatur auf hoch fieberhafte Werte, hingegen verbergen sich hinter niedrigeren Körpertemperaturen oftmals banale grippale Infekte. Auch ein schleichender Verlauf der Symptome spricht eher für den einfachen Infekt. Selbstverständlich bestätigt die Ausnahme die Regel. So können die Dynamik und Höhe der Körpertemperatur niemals allein zum Finden der Diagnose herangezogen werden (34). Doch wird der Kranke häufig nach der Körpertemperatur befragt. Dieser scheinbar objektive Parameter hat sich zur Beurteilung der Schwere der Erkrankung etabliert.

Nachgefragt bei jemandem, der es wissen muss: Die Suchmaschine Google soll helfen. Die Stichwortsuche wird mit der Aussage „Fieber zu Hause bleiben oder nicht" gefüttert. Vertrauensvoll wendet man sich an den Treffer, welcher in der Rangordnung an Nummer 1 positioniert ist. Der Primus der Suchanfrage ist die Internetseite „MEDIZIN populär" aus Österreich. Auf der Seite informiert man über sich: „„„MEDIZIN populär", das Gesundheitsmagazin aus dem Verlagshaus der Ärzte, ist durch seine Verbindung zur Österreichischen Ärztekammer höchsten Qualitätsansprüchen verpflichtet. In enger Zusammenarbeit mit Ärztinnen und Ärzten informiert „MEDIZIN populär" kompetent und in leicht verständlicher Form über alle Themen rund um die Gesundheit" (35). Frau Dr. Henriette H. ist „Ärztin für Allgemeinmedizin und Fachärztin für Hals-, Nasen- und Ohrenkrankheiten", zudem Ärztin „für Ästhetische Chirurgie im HNO-Bereich in Wien". Auf der Internetplattform erteilt sie Ratschläge in der Kategorie „Bett oder Büro?" (36). Dr. H. empfiehlt: „Wenn das Thermometer auf 37,9 und mehr klettert und man sich außerdem krank fühlt, sollte man zu Hause bleiben. Zum Arztbesuch rate ich bei Fieber ab 38,5 Grad Celsius." In der afroamerikanischen Musikszene hat sich bezüglich solcher Statements ein Ausdruck etabliert: *Word*!

Im Folgenden soll erläutert werden, warum die Verallgemeinerung der getroffenen Aussage gefährlich sein kann. Zunächst soll die Definition des Begriffes *Fieber* thematisiert werden. Der Pschyrembel definiert Fieber und/oder erhöhte Körpertemperatur wie folgt (37):

< 38,1°C:	subfebril
38,1°C bis < 39,1°C:	Fieber (mäßig)
39,1°C bis 41°C:	Fieber (hoch)
≥ 41,1°C:	Hyperpyrexie

Johannes-Martin Hahn definiert die Körpertemperatur in „Checkliste — Innere Medizin" hingegen folgendermaßen (38):

normale Werte frühmorgens:	rektal 36,5°C, oral 36,2°C, axillär 36,0°C
normale Werte nachmittags:	0,7-1°C höher als frühmorgens
normale Werte nach der Ovulation:	im Mittel um 0,5°C höher als frühmorgens bzw. nachmittags
subfebrile Temperatur:	rektal > 37°C bis 38°C
Fieber:	rektal ≥ 38,1°C

Dabei beachtet Hahn bereits die zirkadianen Veränderungen der Körpertemperatur. Diese sind bedingt durch hormonelle Schwankungen im Tagesverlauf. Ebenfalls weist er auf die physiologischen Temperaturänderungen während des Menstruationszyklus hin. Des Weiteren unterstreicht Hahn, dass die Lokalisation der Temperatur maßgeblich ist. Laut Hahn werden die exaktesten Werte durch die rektale Messung erzielt.

So kennt die Literatur unterschiedlichste Kennzahlen für Hyperpyrexie, Fieber (hoch und mäßig), subfebril und normwertig. Erwähnt wird auch die Abhängigkeit der Körpertemperatur von der Tageszeit und dem Ort der Messung. Bereits innerhalb des gleichen Verlagshauses sind die Unterschiede jedoch bezeichnend.

In dem Buch „Innere Medizin in Frage und Antwort" interpretiert Füeßl die Körpertemperatur so (jeweils rektal gemessen):

Untertemperatur:	< 36,4°C
subfebrile Temperatur:	bis 37,8°C
mäßiges Fieber:	bis 38,4°C
hohes Fieber:	bis 40°C

Damit beschreibt Füeßl als einziger der genannten Autoren auch das Phänomen der Untertemperatur. Die Bedeutung dieser niedrigen Temperaturen erklärt Füeßl jedoch nicht (39).

Letztlich kann Fieber, bzw. die erhöhte Körpertemperatur, als Abwehrmechanismus des Körpers interpretiert werden. Bakterien sind in der Lage Substanzen, sogenannte Pyogene, abzusondern. Über komplexe Kaskaden signalisieren sie dem Temperaturregulationszentrum im Gehirn, dass eine Infektion im Gange ist. Auch bei dem Zerfall von Krebszellen und sogar bei dem Zerfall von körpereigenen Zellen können Pyogene freigesetzt werden. In der Regel ist die Antwort des Temperaturregulationszentrums dieselbe: Die Körpertemperatur steigt an.

Fieber ist oftmals sinnhaft. Viele der körpereigenen Abwehr- und Immunzellen können bei erhöhten Körpertemperaturen ihre Leistungsfähigkeit steigern. Fiebersenken mittels analgetischer Antipyretika (z.B. Paracetamol, Metamizol) kann den Krankheitsverlauf ungünstig beeinflussen. Bei Hyperpyrexie jedoch sinkt die Aktivität der Abwehr- und Immunzellen wieder ab. Die körpereigenen Proteine denaturieren. Dieser Zustand ist mit dem Überleben nicht vereinbar. Eine Senkung der Körpertemperatur ist dann unabdingbar (40).

So ist grau alle Theorie und deren Praxis schwer abzuleiten. Unterschiedliche Temperaturangaben ziehen verschiedene Konsequenzen nach sich. So wird beispielsweise bei Hyperpyrexie die Senkung der Temperatur gefordert. Bei Fieber jedoch wird die erhöhte Temperatur oftmals als sinnvoll angesehen. Nach dem Pschyrembel liegt die Hyperpyrexie ab einer Temperatur von 41,2°C vor. Laut Füeßl endet hohes Fieber bereits bei 40°C. Für Füeßl beginnt Hyperpyrexie also bereits bei einer Temperatur von 40,1°C. Konsequenterweise ist die Senkung der Körpertemperatur nach Füeßl früher anzustreben als nach dem Pschyrembel. Die klinische Erfahrung mit Schwerkranken zeigt, dass der Zeitpunkt der Temperatursenkung durchaus Relevanz hat. Das medizinische Outcome bleibt davon nicht unbeeinflusst (41).

Bereits im Jahr 1980 untersuchten Kreger et al. ein Kollektiv an Patienten, welche an einer Sepsis durch gramnegative Erreger litten. Genauer betrachtet wurden Patienten, welche innerhalb des ersten Tages nach Onset der Sepsis eine Körpertemperatur von < 37,6°C hatten. Diese Konstellation war mit einer erhöhten Letalität vergesellschaftet (43). Die klinische Definition der Sepsis unterliegt einem ständigen Wandel und Fortschritt. So wurden im Jahr 2016 die „dritten internationalen Konsensusdefinitionen für Sepsis und septischen Schock (Sepsis-3)“ erlassen (42). Bis zu diesem Zeitpunkt wurden zur Definition der Sepsis die klinisch üblichen SIRS-Kriterien herangezogen (SIRS: Systemic Inflammatory Response Syndrome) (44). Heutzutage wird die Sepsis als Kausalkette verstanden an deren Anfang eine Infektion steht. Die Infektion ruft eine maladaptive Immunantwort hervor was wiederum in Funktionsstörungen der Organe mündet. Zur Diagnostik der Sepsis wird der SOFA-Score herangezogen (SOFA: The Sequential Organ Failure Score) (45). Der Score ermittelt, strukturiert nach Organen, die jeweilige Schwere der Dysfunktion. So werden Lunge, Leber, Herz-

Kreislauf, Blutgerinnung, Nieren und Nervensystem einzeln evaluiert. Nachfolgend werden die Ergebnisse zu einem Gesamtscore zusammengefasst. Ungeachtet des SOFA-Scores haben die SIRS-Kriterien weiterhin klinische Relevanz. So herrscht noch immer Konsens darüber, dass ein SIRS mit einer erhöhten Letalität vergesellschaftet ist (46). Der diesbezügliche Zusammenhang scheint hoch sensitiv, jedoch wenig spezifisch. Die frühe Diagnose sowie konsequente rasche und aggressive Therapie vermögen die Sterblichkeit zu reduzieren. Die Körpertemperatur des Patienten ist einer von vier klinischen und laborchemischen Parametern, die ein SIRS definieren. Ein SIRS liegt vor, wenn zwei oder mehr der folgenden Kriterien zutreffen (47):

Herzfrequenz:	90 B/min
Atemfrequenz:	> 20/min oder
	$paCO_2 < 32$mmHg (Tachypnoe)
Blutbild Leukozytenzahl:	>12.000/l oder < 4000/l
Körpertemperatur:	> 38°C oder < 36°C

Zurück zum Internetportal „MEDIZIN populär“. „MEDIZIN populär“ informiert auf seiner Internetplattform über Veränderungen der Körpertemperatur. Die Website gibt Ratschläge zum Umgang mit Fieber. Nach eigener Aussage ist „MEDIZIN populär“ durch die Anbindung an die österreichische Ärztekammer zu höchsten Qualitätsansprüchen verpflichtet. Die Suchmaschine wurde mit der Frage „Fieber zu Hause bleiben oder nicht“ gefüttert. Diesbezüglich erteilt Frau Dr. H. den Rat ab einer Körpertemperatur von 37,9°C und additivem Krankheitsgefühl der Arbeitsstätte fern zu bleiben. Ein Arztbesuch hält die Ärztin ab einer Körpertemperatur von 38,5°C für indiziert. Dem Autor der vorliegenden Arbeit geht es in keiner Weise um Anprangerung. Dies gilt sowohl für die Plattform „MEDIZIN populär“ als auch für die ärztliche Kollegin. Häufig werden Zitate im Wortlaut gedreht und ziehen folglich unsachgemäße Äußerungen nach sich. Einzig soll auf die Gefährlichkeit des Statements von „MEDIZIN populär“ hingewiesen werden. Auch soll unterstrichen werden, wie schwierig der Umgang mit dem potenziell objektiven und messbaren Parameter Körpertemperatur ist. Nicht zuletzt zeigt dies die Schwierigkeit der korrekten Wahrnehmung des eigenen Gesundheitszustandes und der Entscheidung über Gesundheit und Krankheit.

So mag beispielsweise die morgendliche Körpertemperatur von 35,8°C ein Warnsignal sein (SIRS-Kriterium). Dies bleibt jedoch durch den Ratgeber „MEDIZIN populär“ unerwähnt. Man fokussiert sich hier ausschließlich auf erhöhte Körpertemperaturen. Der selbstständige Patient vermag seine Herz- und Atemfrequenz regelhaft selbst zu bestimmen, doch fehlt ihm häufig die Kenntnis über diesbezügliche Grenzwerte der SIRS-Kriterien. Des Weiteren ist die Bestimmung der Zellzahlen im Blut und somit des aktuellen Leukozytenwertes ausschließlich dem Arzt vorbehalten. Bei einer morgendlichen Temperatur von 35,8°C ist der konsequente Schritt also der Weg zum Arzt, denn lägen neben der Temperatur von 35,8°C noch erhöhte/erniedrigte Leukozytenwerte vor, so wären die SIRS-Kriterien erfüllt. Letztlich kann nur der Arzt die SIRS-Konstellation ausschließen und so der hohen Letalität entgegenwirken. Ähnliche Umstände sind bei einer morgendlichen Temperatur zwischen 37,9°C und 38,4°C gegeben. Laut der SIRS-Definition ist ab 38,1°C das Kriterium Körpertemperatur erfüllt und somit Gefahr im Verzug. Zu einem Arztbesuch rät „MEDIZIN populär“ aber erst ab 38,5°C.

Zur Selbstdiagnose mögen objektive Werte, subjektives Empfinden, Fachbücher und selbstverständlich das Internet zurate gezogen werden. Das Spektrum an Informationsquellen birgt ungeahnte Risiken. So bergen das Internet und die globale technologische Vernetzung nicht nur Vorteile. Die einzelnen Quellen differieren enorm in ihren Aussagen. Ein kleines Beispiel mit großer Konsequenz sind die unterschiedlichen Angaben zur Körpertemperatur. Dem medizinischen Laien ist regelhaft nur eine Ursprungsquelle zugänglich: das Internet. Die Central Krankenversicherung veröffentlichte im Jahr 2015 ihre Studie *Praxis Dr. Internet*. Ein Jahr lang wurde bundesweit die fachliche Expertise von etwa 40 Millionen medizinischen Google-Suchanfragen überprüft. Im Schnitt erhielt jede dritte Seite das Gütesiegel *ungenügend* oder *mangelhaft* (48).

Final bleibt somit die Aussage, dass es so einfach wohl leider nicht ist. Gesundheit und Krankheit zu definieren, ist selbst für medizinisches Fachpersonal schwierig. Um wie viel Mal schwieriger ist die Definition für den medizinischen Laien, doch legt das Gesetz die Erstdiagnose einer Erkrankung mit arbeitsrechtlicher Konsequenz in die Hände des Arbeitnehmers. Zwei Tage Arbeitsausfall durch die eigenständige Krankmeldung sind in den meisten Betrieben vorgesehen. Dieses System scheint vor dem Hintergrund der Schwierigkeit der genauen Kenntnis von Gesundheit und Krankheit mäßig sinnvoll, doch soll dies in der vorliegenden Arbeit nicht weiter diskutiert werden. Auch die weiteren Gefahren der Eigendiagnose sollen an anderer Stelle besprochen werden. Ein detailliertes Überdenken der Regelung zur Krankmeldung wäre jedoch wünschenswert.

3 Gesundheitsökonomie

3.1 Das Spielt mit den Worten

Der Knackpunkt der vorliegenden Arbeit liegt im Wort Gesundheitsökonomie an sich. Der Volksmund versteht unter der Begrifflichkeit die Konfluenz von Wirtschaftswissenschaften und Gesundheitswesen. Gesundheitsökonomie beschäftigt sich mit den volks- und betriebswirtschaftlichen Strukturen einer Institution oder eines Betriebes. Dabei ist die Institution oder der Betrieb häufig im Gesundheitswesen angesiedelt. Wikipedia schreibt: „Gesundheitsökonomie […] ist eine fachübergreifende Wissenschaft, die sich mit der Produktion, der Verteilung und dem Konsum von knappen Gesundheitsgütern in der Gesundheitsversorgung beschäftigt und somit Elemente der Gesundheitswissenschaften und der Volks- und Betriebswirtschaftslehre vereinigt“ (49). Die International Society for Pharmacoeconomics and Outcomes Research (ISPOR) bezeichnet sich selbst als „The Professional Society for Health Economics and Outcomes Research“. Sie definiert Gesundheitsökonomie (Health Economics) als „discipline that analyse the economic aspects of health care and that usually focusses on the costs (inputs) and the consequences (outcomes) of health care intervention using methods and theories from economics and medicine“ (50, 51).

Eine einheitliche Definition von Gesundheitsökonomie sucht man vergebens, doch scheint klar, dass Gesundheitsökonomie als Zweig der Wirtschaftswissenschaften aufgefasst werden darf. So ist auch in der Gesundheitsökonomie das ökonomische Prinzip Grundlage des Handelns. Dieses Prinzip wird oft auch Rationalprinzip genannt. Es beschreibt die Interaktion von eingesetzten Mitteln und Gütern. Einige Autoren verwenden äquivalent die Begriffe *Input* und *Output* bzw. *Aufwand* und *Ertrag*. Das ökonomische Prinzip kennt das Minimalprinzip und das Maximalprinzip. Beim Minimalprinzip stellt der minimale Aufwand eine Variable dar. Der diesbezügliche Ertrag ist festgelegt. Beispielsweise soll ein ganz bestimmtes Auto zu einem möglichst günstigen Preis erworben werden. Beim Maximalprinzip ist der maximale Ertrag variabel. Der diesbezügliche Aufwand ist festgelegt. Als Beispiel kann hier der Erwerb eines Autos angeführt werden, wofür nur eine bestimmte Geldsumme zur Verfügung steht. Mit dieser Summe soll das bestmögliche Auto erworben werden (52) (Tab. 2).

In den genannten Beispielen ist jeweils eine Größe, Output oder Input, monetärer Natur. Diese Konstellation ist jedoch keineswegs verpflichtend für das ökonomische Prinzip. Beispielsweise kann auch körperliche Anstrengung sowohl

M. Solf, *Über die Gesundheitsphilosophie zum Präsentismus*,
https://doi.org/10.1007/978-3-658-25388-2_3

Tabelle 2: Das ökonomische Prinzip

	Input / Aufwand	Output / Ertrag
Minimalprinzip	variabel (minimieren)	festgelegt
Maximalprinzip	festgelegt	variabel (maximieren)

Input als auch Output darstellen. Dies ist zum Verständnis des Präsentismus essenziell. So kann ein bestimmtes Arbeitspensum mit minimaler Anstrengung absolviert werden (Minimalprinzip), doch kann auch ein bestimmter Arbeitseinsatz zu einem maximalen Arbeitsergebnis führen (Maximalprinzip).

Letztlich kennt die Literatur unzählige Definitionen und Begriffsklärungen von Gesundheitsökonomie und Health Economics. Dabei scheint ein monetärer Ansatz stets vordergründig. Er darf als Motor und Grundlage allen Handelns verstanden werden. Gesundheitsökonomie gilt als Subdisziplin der Wirtschaftswissenschaften. So wird auch hier zumindest eine Größe, Aufwand oder Ertrag, regelhaft pekuniär bewertet. Verpflichtend ist diese Tatsache jedoch wie erwähnt nicht.

Betrachtet man die pure Zusammensetzung der Begrifflichkeit *Gesundheitsökonomie*, so formt sie sich aus den Begriffen *Gesundheit* und *Ökonomie*. *Gesundheit* wurde in der vorliegenden Arbeit bereits thematisiert. Monetäre Aspekte waren hier nicht vordergründig. So mag der Begriff *Ökonomie* Ursprung des monetären Charakters von Gesundheitsökonomie sein. Die folgenden Ausführungen sollen dies klären.

3.2 Ökonomie

Sucht man nach einer Definition des Begriffes Ökonomie trifft man auf erstaunlich einfache Direktheit. So lautet der erste Google-Treffer der Suchanfrage „Ökonomie" einfach: *Wirtschaftswissenschaft*. Ein Mausklick weiter setzt Wikipedia die Begriffe Wirtschaftswissenschaft mit Ökonomik und Ökonomie gleich. Dabei weist die Internetseite auf das gegenwärtige Aussterben des Begriffes Ökonomie hin. Wikipedia tituliert die Begrifflichkeit Ökonomie schlicht als „veraltend". Im weiteren Verlauf des Suchtreffers definiert Wikipedia die Wirtschaftswissenschaften an sich. Wikipedia unterteilt die Wirtschaftswissenschaften zunächst in Betriebswirtschaft und Volkswirtschaft. In der Folge beschreibt Wikipedia die Anfänge der Wirtschaft seit Aristoteles über Adam Smith bis Milton Friedman (53, 54).

Nach dem allgemeinen Verständnis sind die Wirtschaftswissenschaften regelhaft monetär geprägt. Folgt man Wikipedia können die Begriffe Wirtschaftswissenschaften und Ökonomie synonym verwendet werden. Auch die Bundeszentrale für politische Bildung kennt keinen Unterscheid zwischen Ökonomie, Wirtschaftswissenschaften und Wirtschaft (55). Selbst große Universitäten scheinen die Ökonomie den Wirtschaftswissenschaften gleichzusetzen. So schreibt die Friedrich-Alexander-Universität Erlangen-Nürnberg den Studiengang „Ökonomie / Wirtschaftswissenschaften auf Bachelor of Arts/Lehramt" aus (56).

Folglich scheint die Frage nach dem monetären Ursprung von Gesundheitsökonomie geklärt. Vermutlich ist die Gleichsetzung legitim, doch ist die Gleichsetzung nicht im Sinne der vorliegenden Arbeit. Vielmehr ist sie irreführend zum Verständnis der vorliegenden Arbeit. Das gesprochene und geschriebene deutsche Wort dient letztlich immer dem Verständnis. Spricht der Volksmund von Ökonomie, mag mancher an die Umwelt denken. Mancher denkt auch an linksgerichtete Politik. Doch die meisten denken wohl an die Wirtschaft. Wer bei Wirtschaft nun an ein Gasthaus denkt, der denkt ebenfalls nicht verkehrt, sondern logisch. So hilft meist das Wort im Kontext zu sehen, um es zu verstehen. Mit einem Handtuch trockne ich mir nicht nur die Hände. Ich sehe nie aus der Ferne in den Fernseher und im Fahrstuhl sitze ich selten.

Der Autor der vorliegenden Arbeit ist weder Wirtschaftswissenschaftler noch Ökonom. So sei ihm das Spiel mit den Worten Gesundheit und Ökonomie gestattet – wohlwissend, dass dabei der Bezug zur Wirtschaftswissenschaft in den Hintergrund tritt. Letztlich führt es doch zur Kernfrage dieser Arbeit, ob wir ökonomisch mit unserer Gesundheit umgehen. Die Definition von Gesundheitsökonomie im Duden greift die Gedanken dieser Arbeit eher auf. Der Duden umschreibt Ökonomie als „sparsames Umgehen mit etwas, rationelle Verwendung oder rationeller Einsatz von etwas" (57). Die eigene gesundheitliche Konstitution kann rationell oder verschwenderisch eingesetzt werden. Wer Präsentismus betreibt, tut leider Letzteres.

Unter der Begrifflichkeit ökonomisch schreibt der Duden: „sparsam; mit möglichst großem Nutzen bei möglichst geringem Einsatz oder Verbrauch" (58). Diese Formulierung scheint bei näherer Betrachtung hochinteressant. Ökonomisches Handeln kennt nach dem Duden *zwei* Variablen. Nach dem Duden sind weder *Input* noch *Output* festgelegte Größen. Der Einsatz soll minimalisiert werden, gleichzeitig soll das Outcome maximiert werden. So ist ökonomisches Handeln nach dem Duden die Kombination aus Minimalprinzip und Maximalprinzip. Das klingt nach der Perfektionierung des Rationalprinzips. Mit minimalem Aufwand soll das Maximale erzielt werden. Übertragen auf die körperliche Konstitution bedeutet dies, sich so wenig wie möglich verausgaben und dabei die Arbeitsleistung auf ein Höchstmaß bringen.

Das Prinzip wirft umgehend Fragen auf. Bedeutet es doch, dass eine maximale Reduktion des Arbeitsaufwandes mit dem besten Ergebnis einhergeht. Von nichts kommt nun nicht mehr nichts, sondern alles.

Tatsächlich ist dieses Phänomen nicht nur reine Theorie, sondern ein umsetzbares Konzept. Die Natur macht es vor. Apnoetaucher sind in der Lage ihre Herzfrequenz auf etwa zwölf Schläge pro Minute zu minimieren. Auf diese Weise wird der Sauerstoffverbrauch maximal gedrosselt. So erzielen die Taucher Apnoezeiten von etwa zehn Minuten (59). Der Kalifornische Ziesel treibt das Projekt minimale Anstrengung und maximaler Erfolg auf die Spitze. Zu Beginn des Winterschlafs senkt der Nager seine Herzfrequenz von 260 Schlägen pro Minute auf etwa zehn Schläge pro Minute ab. Dieser Prozess bedarf nur ein paar Stunden. Die Körpertemperatur des Ziesels fällt dabei bis auf 7°C ab. So wird der Grundumsatz des Tieres maximal gedrosselt und die Zeitspanne des Winterschlafs maximiert (60).

Die Perfektionierung des Rationalprinzips kann auch auf den Präsentismus übertragen werden. Letztlich handelt es sich dabei jedoch um ein Gedankenexperiment. Ein erkrankter Arbeitnehmer kann durch das Fernbleiben der Arbeit seine Belastung minimieren. So geschehen beschleunigt er seine Genesung. Zudem minimiert er das Risiko der Verschlimmerung und Chronifizierung seiner Erkrankung. So minimiert der Arbeitnehmer auch die Gefahr eines längeren Arbeitsausfalls und Produktivitätsverlustes. Des Weiteren vermeidet er das Risiko einer Ansteckung von Arbeitskollegen. Er sorgt somit indirekt für deren Gesunderhaltung. Auf diese Weise maximiert die Minimierung der Belastung des einzelnen Erkrankten letztlich die Effektivität des gesamten Unternehmens. Doch kann auch konträr argumentiert werden. Der Ausfall des Einzelnen sorgt für Mehrbelastung unter den anderen. Infolgedessen tritt eine Überlastung der verbliebenen Arbeitnehmer auf, die daraufhin erkranken. Ein *circulus vitiosus* stellt sich ein.

Soweit das Gedankenexperiment. Welche Theorie mehr Wahrheitsgehalt besitzt, soll im weiteren Verlauf dieser Arbeit geklärt werden.

Vilfredo Pareto war ein italienischer Ökonom der 1848 in Paris geboren wurde. Zu Lebzeiten lehrte Pareto an den wirtschaftlichen Hochschulen von Neapel, Genua, Rom und Lausanne. Kurz vor dem 20. Jahrhundert wurde Pareto auf ein Phänomen aufmerksam. Er stellte fest, dass die Verteilung des Einkommens einer Bevölkerung keiner Normalverteilung entspricht. Damals konzentrierten sich 80 % des Einkommens von Italien auf die 20 % reichsten Familien. Aus dieser Erkenntnis heraus formulierte er das noch heute gültige Pareto-Prinzip.

Auch die Wirtschaft kennt das Pareto-Prinzip. Für ein Unternehmen bedeutet das Prinzip: 20 % der Klienten eines Unternehmens erbringen dem Unternehmen 80 % des Gesamtertrages. Bezüglich des Kundenstamms gilt somit: Konzentriert sich ein Unternehmen auf die 20 % mit dem meisten Ertrag und vernachlässigt die restlichen 80 %, resultiert daraus ein wirtschaftlicher Vorteil (61).

Ein Hotel beschränkt sich nach dem Check-out eines Gastes auf die Basisreinigung des Zimmers. Dafür benötig die Reinigungskraft 20 % der Zeit einer Grundreinigung. Die Basisreinigung ist so geschickt strukturiert, dass nur bei genauem Hinsehen auffällt, dass keine Grundreinigung stattgefunden hat. 80 % des Zimmers sind gereinigt. Erst auf Wunsch des Gastes findet eine additive Premiumreinigung statt, doch ist ein dementsprechender Gästewunsch sicher selten. Im Anschluss an die Basisreinigung folgt nun die Premiumreinigung und beansprucht weitere 80 % der Zeit. Dabei werden die letzten 20 % des Zimmers gereinigt. Das Resultat ist eine Grundreinigung und ein 100 % sauberes Zimmer. Im Sinne des Zeitmanagements und der Wirtschaftlichkeit wird das Hotel in Zukunft zunächst wieder auf die Basisreinigung zurückgreifen.

Nun soll das Pareto-Prinzip auf die Arbeitnehmer eines Unternehmens übertragen werden. Nach dem Pareto-Prinzip erwirtschaften 20 % der Arbeitnehmer 80 % des Ertrags eines Unternehmens. Diese 20 % werden nachfolgend vereinfacht „20“ oder „20er“ genannt. 80 % der Arbeitnehmer, nachfolgend vereinfacht „80“ oder „80er“ genannt, erwirtschaften nur 20 % des Gesamtertrags. So mag der Arbeitsausfall eines Arbeitnehmers aus den 80er deutlich weniger ins Gewicht fallen als der Ausfall eines 20er. Folglich müsste der Arbeitgeber die Gruppenzuordnung jedes Arbeitnehmers kennen, um so die Problematik des Ausfalls exakt einschätzen zu können. In der Fiktion könnte ein Ausfall sogar von Vorteil für das Unternehmen sein. Dies ist dann der Fall, wenn das Arbeitspensum des erkrankten 80er auf einen effektiveren 20er übertragen wird. Der Arbeitsausfall eines 20er hingegen mag horrende wirtschaftliche Konsequenzen für den Arbeitgeber haben. So müsste das Arbeitspensum des erkrankten 20er auf einen wenig effektiven 80er übertragen werden. Möglich wäre auch, dass der erkrankte 20er trotz Erkrankung seine Arbeit fortsetzt, doch kann man vermuten, dass ein erkrankt arbeitender 20er derart erschöpft ist, dass er auf das Leistungsniveau eines 80er herabfällt. Hier mag das Besser-als-Nichts-Prinzip greifen, doch wäre eine rasche Genesung des 20er eventuell effektiver. So könnte er zeitnah wieder sein Leistungsniveau erreichen und wieder der 20er Gruppe angehören. Hierfür wäre vielleicht das Fernbleiben der Arbeit zielführend.

In der Literatur finden sich eindeutige Statistiken zu dem Nutzen und den Kosten eines erkrankten Arbeitnehmers. Dabei wird differenziert, ob der Arbeitnehmer trotz der Erkrankung zur Arbeit erschienen ist oder nicht. Diesbezügliche Statistiken sollen im weiteren Verlauf der Arbeit veranschaulicht werden.

In der Literatur finden sich jedoch keine Statistiken, welche die Arbeitnehmer nach dem Pareto-Prinzip gruppieren. Wohl wäre dies auch ethisch schwer zu vertreten, doch lohnt sich der Blick auf den Personalschlüssel der Abteilung für Anästhesiologie einer großen deutschen Universitätsklinik. Die Gruppierungen der Abteilung scheinen das Pareto-Prinzip zu bestätigen. Das Klinikum der Universität München gilt mit seinem Standort in München-Großhadern als eine der größten Kliniken Europas (62). Der Personalschlüssel der operativen Anästhesie sieht im Tagesgeschäft etwa einen Oberarzt für vier Assistenzärzte vor. Dies entspricht einer Quote von 20 % Oberärzten zu 80 % Assistenzärzten (63). Im klinischen Alltag stellt der Oberarzt regelhaft die Supervision der Assistenzärzte sicher. Hierfür ist Voraussetzung, dass der Oberarzt keine eigene Saalzuteilung erfährt. Der Oberarzt muss die Oberhand über die vier Operationssäle der Assistenzärzte haben. Somit wiegt der Ausfall eines Oberarztes vermeintlich schwerer als der Ausfall eines Assistenzarztes. Dabei bleibt fraglich ob die Riege der Oberärzte auch 80 % des Gesamtertrags der Abteilung erwirtschaftet. Nur dann würde das Pareto-Prinzip greifen. Im folgenden Beispiel wird vereinfacht davon ausgegangen.

Im klinischen Alltag bedeutet der Ausfall eines Assistenzarztes aus der 80er Gruppe die feste Zuteilung eines Oberarztes zu einem Operationssaal. Das Saalgeschäft muss weiterlaufen. So fällt der Oberarzt selbst in die Riege der 80er und es verbleiben vier Mitglieder der 80er Gruppierung. Die 20er haben sich aufgelöst (zur Wiederholung: 80er erwirtschaften 20 % des Ertrags, 20er erwirtschaften 80 % des Ertrags). Diese Variante setzt voraus, dass ein Oberarzt mit fester Saalzuteilung keinerlei Supervision mehr ausüben kann. Der Oberarzt verliert somit seine oberärztliche Funktion und wird zum Assistenzarzt. So kann der Oberarzt tatsächlich einem ursprünglichen 80er gleichgesetzt werden. Im OP-Saal ist der Oberarzt, bezüglich seiner eigentlichen oberärztlichen Tätigkeit, außer Gefecht gesetzt.

Es geht auch andersherum. Nun fällt primär der Oberarzt aus. Mit dem Wegfall des Oberarztes fällt das einzige Mitglied der 20er Gruppe aus. Auch hier verbleiben vier Mitglieder der 80er Gruppierung. Selbstverständlich ohne Supervision.

Fällt primär ein Oberarzt aus, verbleiben vier Mitglieder der 80er Riege. Fällt primär ein Assistenzarzt aus „verbleiben" ebenfalls vier Mitglieder der 80er Riege. Hier wird der Oberarzt auf das Niveau eines Assistenzarztes degradiert. So scheint der Vorteil des Oberarztes, welcher ihn der 20er Gruppierung zugehörig macht, an eine bestimmte Bedingung geknüpft zu sein: Der OP-Bereich ist mit fünf Anästhesisten voll besetzt. So scheint die anfängliche Annahme, dass der Ausfall eines Oberarztes schwerer wiegt als der Ausfall eines Assistenzarztes falsch.

4 Präsentismus

4.1 Das Phänomen

Auch bezüglich der Begriffsdefinition *Präsentismus* ist die geläufigste Quelle die Internetplattform Wikipedia. Hier wird Präsentismus wie folgt beschrieben: „Mit Präsentismus […] bezeichnen Arbeitspsychologie und Arbeitsmedizin das Verhalten von Arbeitnehmern, die insbesondere in Zeiten hoher Arbeitslosigkeit […] trotz Krankheit am Arbeitsplatz sind, bzw. die Reduktion der Arbeitsproduktivität durch Leistungseinschränkung von Beschäftigten, die auf gesundheitliche Einschränkungen wie z. B. chronische Erkrankungen zurückzuführen sind."

Die Erstbeschreibung des Präsentismus datiert aus dem Jahr 1955. Auren Uris, ein US-amerikanischer Arbeitswissenschaftler, beschrieb das Phänomen als Erster in seinem Artikel „How to Build Presenteeism" (64). Präsentismus ist letztlich die eingedeutschte Form von Presenteeism. Er ist als Gegensatz zum Absenteeism zu verstehen. Absenteeism, im Deutschen als Absentismus bezeichnet, beschreibt das Fernbleiben von der Arbeit. Dabei ist der Absentismus als erlaubtes Fernbleiben der Arbeit zu verstehen, d.h. das Fernbleiben erscheint aufgrund von Krankheit angemessen. Ein Fernbleiben aufgrund von Urlaub oder Fortbildungen fällt nicht unter die Begrifflichkeit Absentismus. Ebenso wenig fällt das „Schwänzen" der Arbeit oder das „Blaumachen" unter das Verständnis vom Absentismus.

Damals wie heute wird die Begrifflichkeit Präsentismus im Kontext mit einem erkrankten Arbeitnehmer verwendet, welcher ungeachtet seiner Krankheit zur Arbeit geht. Die Stakeholder des Präsentismus sind zahlreich. Dabei sind neben dem erkrankten Arbeitnehmer auch gesunde Arbeitskollegen und das Unternehmen betroffen. Die Volkswirtschaft wird ebenfalls vom Präsentismus tangiert.

Generell kann der Präsentismus zu einer Verlängerung der Krankheitsdauer führen. Des Weiteren neigen insuffizient auskurierte Erkrankungen zur Chronifizierung. Häufig suchen erkrankte Arbeitnehmer den Arbeitsplatz aus Furcht vor dem Verlust der Arbeitsstelle auf.

Dem Anschein nach profitiert der Arbeitgeber von der Anwesenheit des erkrankten Arbeitnehmers. Schließlich wird formal keine Substitution nötig. Jedoch überwiegen auch für den Arbeitgeber die negativen Folgen des Präsentismus. Zunächst ist hier vor allem das Ansteckungspotenzial der Arbeitskollegen zu erwähnen. Die Frankfurter Allgemeine Zeitung (FAZ) veröffentlichte im

M. Solf, *Über die Gesundheitsphilosophie zum Präsentismus*,
https://doi.org/10.1007/978-3-658-25388-2_4

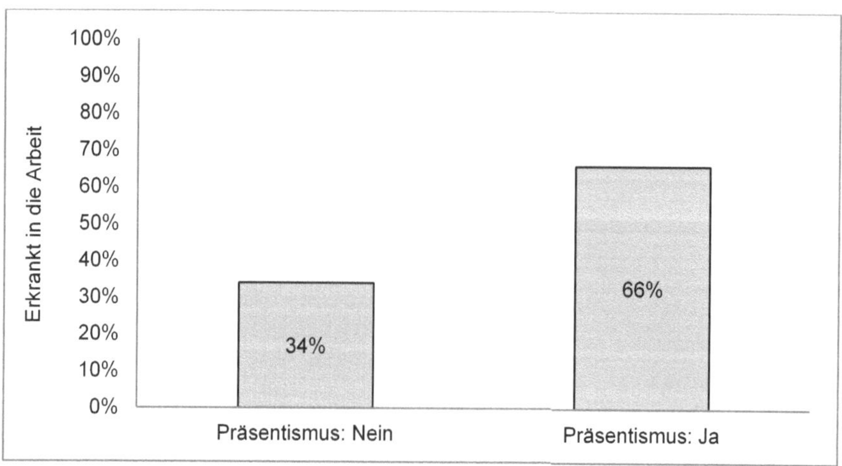

Abbildung 1: Ergebnisse der „Gute Arbeit 2017" Studie des DGB – Präsentismus (66).

Januar des Jahres 2018 ihren Artikel „Virenalarm im Büro". Passend zum Kalendermonat beschreibt sie die Folgen des Präsentismus bei „Grippe" (65). Dabei verwendet die FAZ stets Begriffe wie *Grippe* oder *Grippewelle* und bezieht als Quelle das Robert Koch-Institut ein. So darf in diesem speziellen Fall tatsächlich davon ausgegangen werden, dass die von der FAZ veröffentlichten Zahlen sich auf die „echte Grippe" beziehen. Die „echte Grippe" wird durch das Influenzavirus hervorgerufen und somit vereinfacht auch Influenza genannt.

Nadine Oberhuber, die Autorin des FAZ-Artikels, verweist auf die „Gute Arbeit 2017" Studie des Deutschen Gewerkschaftsbundes (DGB). Der DGB führte eine weit angelegte Arbeitnehmerumfrage durch. Es wurde geklärt, ob und wenn ja wie lange ein erkrankter Arbeitnehmer im Jahr 2017 bei der Arbeit erschienen war. Dabei gaben etwa zwei Drittel der Befragten an im Jahr 2017 krank zur Arbeit gegangen zu sein (~66 %). Nur etwa ein Drittel der Arbeitnehmer war bei Erkrankung dem Arbeitsplatz ferngeblieben (Abb. 1).

Die Anzahl der Befragten belief sich in Summe auf fast 5000 Beschäftigte („mehr als 4800"). Wichtig ist der Hinweis auf die Ausformulierung der an die Beschäftigten gestellten Frage. So lautete die exakte Wortwahl wie folgt: „An wie vielen Tagen ist es bei Ihnen in den letzten 12 Monaten vorgekommen, dass Sie gearbeitet haben, obwohl Sie sich richtig krank gefühlt haben?" Schnell wird die Problematik dieser Formulierung klar. Die Ausformulierung spricht explizit die subjektive Wahrnehmung des Befragten an. Der Befragte war für die Einschätzung seiner gesundheitlichen Konstitution allein verantwortlich. So wurde von dem Befragten ein hohes Wahrnehmungsvermögen vorausgesetzt. Der Befragte musste in der Lage sein, einen Zustand von Krankheitswert zu 100 % zu erkennen. Ein Konsil durch medizinisches Fachpersonal war nicht erforderlich. Dennoch setzt sowohl die Autorin der FAZ als auch der DGB die Positivantwort eines Beschäftigten einer objektiven Erkrankung gleich. Fraglich ist ob ein ärztliches Gutachten im jeweiligen Fall zu einem aberranten Ergebnis gekommen wäre. Dies ist bei der Interpretierung der „Gute Arbeit 2017“ Studie des DGB unbedingt zu beachten. Dennoch bleibt dieser Störfaktor von der FAZ als auch vom DGB unerwähnt. Der DGB unterteilte die Beschäftigten, welche erkrankt gearbeitet hatten, in Subgruppen. Hier wurde differenziert wie viele Wochen im krankhaften Zustand gearbeitet wurden. Dabei schien die Schwere der Erkrankung mit der Anzahl der Fehltage in Relation zu stehen. Etwa 20 % der Erkrankten gaben an unter einer Woche zur Arbeit gegangen zu sein. Unklar ist, ob diese Subgruppe innerhalb einer Woche genesen war oder vor Abschluss der Woche entschieden hatte aufgrund der Erkrankung doch der Arbeit fern zu bleiben. 13 % gaben an mindestens drei Wochen erkrankt gearbeitet zu haben. Etwa 46 % der Beschäftigten waren mindestens eine Woche krank zur Arbeit erschienen. Eine längere Fehldauer mag einer schwereren Erkrankung geschuldet sein. Doch ist auch an die „Verschleppung“ der Erkrankung aufgrund von ungenügendem Schonverhalten zu denken.

Der DGB führte Subanalysen mit hochinteressanten Ergebnissen durch. Wer seine Arbeitsbelastung hoch einschätzte tendierte zum Präsentismus. Auch die Furcht vor dem Verlust der Arbeitsstelle war ein häufiger Grund krank zu arbeiten. Ein niedriges Arbeitspensum und ein arbeitsplatzbezogenes Wohlgefühl standen in negativer Korrelation zum Präsentismus (Abb. 2) (66).

Die Daten der „Gute Arbeit 2017“ Studie zum Präsentismus scheinen derart relevant, dass sie bereits bei Wikipedia erwähnt werden. Als Quellreferenz wird hier der zugehörige Artikel der FAZ angegeben. Wikipedia gilt allgemein als das primäre Nachschlagewerk. Umso kritischer soll der Verweis von Wikipedia auf die Daten des DGB und der FAZ diskutiert werden.

Die FAZ überträgt die allgemeinen Daten der Studie des DGB unverändert auf die Influenza Erkrankung in den Wintermonaten. Die Autorin darf diesbezüglich folgendermaßen zitiert werden: „Demnach arbeitete jeder Fünfte trotz Krankheit bis zu eine Woche lang weiter, 18 % gar ein bis zwei Wochen, und ganze 30 % schleppten sich länger als zwei Wochen krank ins Büro. Genau das sind die wirklich dramatischen Zahlen zur jährlichen Grippewelle.“ So wird in zwei aufeinanderfolgenden Sätzen zunächst von „Krankheit“ gesprochen und dann dieser Begriff in direkten Kontext zur „Grippewelle“ gesetzt, doch sind die von der FAZ zitierten Zahlen nicht exakt auf die jährliche Grippewelle übertrag-

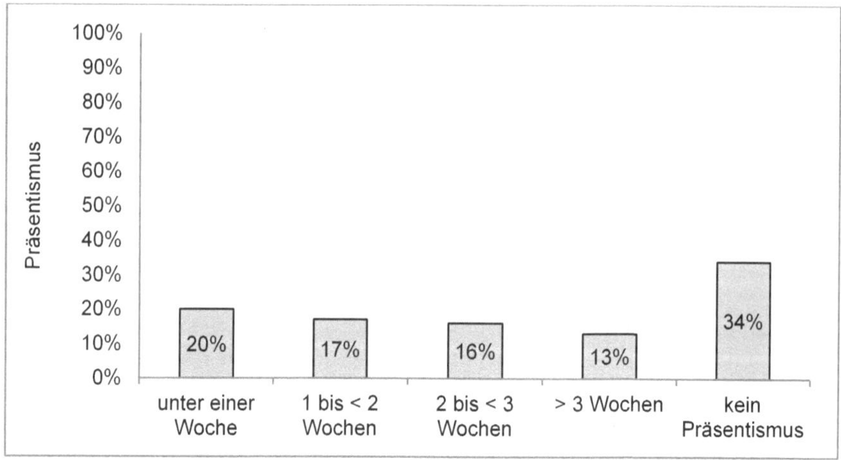

Abbildung 2: Ergebnisse der „Gute Arbeit 2017“ Studie des DGB – Präsentismus – Subanalyse (66).

bar. Spricht die Autorin von der Influenza (davon muss aufgrund Ihrer Wortwahl ausgegangen werden) kann diese spezifische Erkrankung nicht auf die allgemeinen Daten der Studie übertragen werden. Die Autorin folgt jedoch nur dem Handout des DGB, denn auch der DGB überträgt seine Studienergebnisse retrospektiv auf die „aktuelle Grippewelle“.

Es erscheint fraglich, warum der DGB seine Daten im Handout auf die Influenza beschränkte (67). Möglich, dass Aktualität, Medienpräsenz und Abschreckungspotenzial der Influenza zur Vermarktung der eigenen Daten genutzt wurden. Die Influenza ist der Bevölkerung bekannt und von ihr gefürchtet. Dies gründet nicht zuletzt in medialen Horrorszenarien. So eignet sie sich selbstverständlich hervorragend zu Marketingzwecken, doch ist sie als Aushängeschild für die Studienergebnisse des DGB nur bedingt verwendbar. Die Symptome der Influenza manifestieren sich regelhaft rasch und imposant. Es dominieren plötzliche Erkältungssymptome begleitet von hohem Fieber, Kopf- und Gliederschmerzen. Etwa jeder dritte Infizierte zeigt diese ausgeprägte klinische Symptomatik. Bei der Mehrzahl verläuft die Infektion klinisch milde oder gar inapparent. Durchschnittlich halten die Symptome für etwa sieben Tage an. Bestimmte Risikokonstellationen bedingen eine erheblich erhöhte Letalität. Vor allem Patienten mit bereits zuvor kompromittierter Lungenfunktion, immunsupprimierte Patienten und Hochbetagte laufen Gefahr an der Influenza zu versterben. Häufig sind bakterielle Superinfektionen, vornehmlich der Lunge, ursächlich für den ungünstigen Verlauf (68). Nicht selten mündet die Infektion in einem akuten Atemnotsyndrom (ARDS – Acute Respiratory Distress Syndrome). Folglich ist die Häufigkeit der Anwendung von Lungenersatzverfahren (ECMO: extrakorporale Membranoxygenierung) in den Wintermonaten erhöht (69).

Mindestens 30 % der Betroffenen leiden unter einem schwereren Verlauf der Influenza-Infektion. Dies mag dem Präsentismus präventiv gegenüberstehen. Aufgrund der persönlichen Erfahrung kommt der Autor zu dem gleichen Schluss. Ein solcher Verlauf der Erkrankung „schützt" zuverlässig vor einem Arbeiten trotz Krankheit.

Der DGB ermittelte bei seiner Studie eine Präsentismus-Quote von 66 %. Die Quote wurde vom DGB nachträglich auf die Influenza übertragen. Die klinische Symptomatik der Influenza wurde in der vorliegenden Arbeit erläutert. Für die Influenza-Infektion scheint die ermittelte Quote zwar möglich, jedoch fraglich. Auch die Ergebnisse der Subanalysen sind bezüglich der Influenza nur bedingt verwertbar. Nach dem DGB waren 46 % der Arbeitnehmer mindestens eine Woche krank bei der Arbeit erschienen. Persistiert die Symptomatik einer Influenza-Infektion über eine Woche, so kann von einem schweren prolongierten Verlauf ausgegangen werden. In 30 % der Fälle verläuft die Influenza-Infektion schwer und/oder mit Komplikationen. Mitunter verläuft sie sogar tödlich. Im Fall eines schweren Krankheitsverlaufes ist die Anwesenheit des erkrankten Mitarbeiters am Arbeitsplatz von über einer Woche unrealistisch.

Der Präsentismus darf nicht auf die Influenza-Erkrankung limitiert werden. Generell darf der Präsentismus nicht auf eine einzelne Krankheitsentität reduziert werden. Selbstverständlich aber dürfen Beispiele zur Veranschaulichung der Problematik dienen. Die Daten des DGB sind nicht uneingeschränkt auf die Influenza-Infektion übertragbar. Seitens der FAZ wäre mit einem knappen Verweis darauf der Sache Genüge getan gewesen.

Der Präsentismus beschränkt sich keineswegs auf kontagiöse Erkrankungen. Für die Volkswirtschaft ist jede chronische Form einer Erkrankung mit horrenden Kosten verbunden. So trifft der Präsentismus letztlich uns alle (70). Allein durch chronische Rückenschmerzen erlitt die deutsche Volkswirtschaft im Jahr 2010 Verluste von nahezu 18 Milliarden Euro (71).

Eine umfangreiche Studie bezüglich der volkswirtschaftlichen Konsequenzen des Präsentismus entstammt der Feder von Goetzel et al. Die Forschungsgruppe ist an der Cornell Universität New York angesiedelt. Goetzel et al. verglichen die Kosten des Präsentismus mit den Kosten des Absentismus. Hierfür differenzierten sie zehn unterschiedliche Krankheitsentitäten: Infekte der Atemwege, Herzerkrankungen, Diabetes, Asthma bronchiale, Allergien, Arthritis, bösartige Neubildungen, psychische Störungen, Bluthochdruck, Migräne und sonstige Kopfschmerzen.

Die Gesamtkosten summierten sich wie folgt:

Direkte Therapiekosten + Kosten durch Abwesenheit und kurzfristige Arbeitsunfähigkeit + Kosten die mit dem Produktivitätsverlust einhergegangen waren = **Gesamtkosten**

Der Produktivitätsverlust entstand zum einen durch die mangelnde körperliche und geistige Leistungsfähigkeit des erkrankt Arbeitenden. Zum anderen häuften sich bei den krank Arbeitenden die Fehlerquote und die Anzahl der arbeitsplatzbezogenen Unfälle. Die Kosten des Produktivitätsverlusts wurden dem Präsentismus zugeschrieben. Die Gesamtkosten wurden pro Mitarbeiter über die Dauer von einem Arbeitsjahr ermittelt. Die fünf teuersten Krankheitsentitäten sollen kurz erwähnt werden.

Die höchsten Kosten entfielen auf Mitarbeiter mit Bluthochdruck (arterieller Hypertonie) gefolgt von herzkranken Mitarbeitern, Mitarbeitern mit psychischen Erkrankungen (v.a. Depressive Störungen), Mitarbeitern mit entzündlichen Erkrankungen der Gelenke (Arthritis) und letztlich Mitarbeitern die unter allergischen Reaktionen litten (Abb. 3). Die Gesamtzahl der eingeschlossenen Mitarbeiter belief sich auf etwa 375.000.

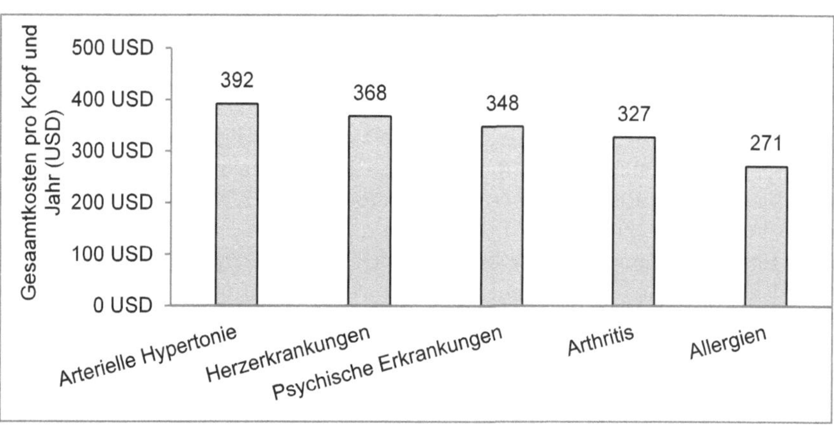

Abbildung 3: Studie der Cornell Universität New York. Gesamtkosten pro Kopf über ein Jahr

Eine weitere Kostenanalyse schrieb dem Präsentismus mit teils 60 % regelhaft den höchsten Anteil an den Gesamtkosten zu (65).

Die Studie der Cornell Universität New York folgt dem typischen Muster der US-amerikanischen Präsentismus-Forschung. Die meisten Studien aus den USA versuchen Krankheitsentitäten aufzudecken, die in positiver Korrelation zum Präsentismus stehen. Zudem stehen bei der amerikanischen Präsentismus-Forschung die volkswirtschaftlichen Konsequenzen im Vordergrund.

Europäische Forschungsgruppen sind vermehrt an den Ursachen des Präsentismus interessiert. Die Konsequenzen für die Erkrankten selbst werden sowohl in amerikanischen als auch in europäischen Studien vernachlässigt. Auch die Folgen für das einzelne Unternehmen werden in den meisten Studien nur peripher abgehandelt (Johns, 2010).

Konträre Forschungsschwerpunkte sind zumeist unterschiedlichen Rechtssystemen geschuldet. So gesehen auch bei der Präsentismus-Forschung in den USA und Europa. Der Ablauf einer Krankmeldung und Lohnfortzahlung wird regional sehr unterschiedlich gehandhabt. So unterscheiden sich auch die Konsequenzen für Mitarbeiter und Unternehmen. Der US-amerikanische Arbeitsmarkt sieht im Fall der Krankmeldung keine regelhafte Lohnfortzahlung vor. Eine diesbezügliche bundesweite gesetzliche Pflicht besteht nicht. Die Arbeitnehmer sind stark vom „Goodwill" der Unternehmensführung abhängig. Ob ein Arbeitnehmer im Fall der Krankmeldung mit einer Lohnfortzahlung rechnen darf, ist oft eine Einzelfallentscheidung. Einige wenige Bundesstaaten der USA haben mittlerweile einheitliche arbeitnehmerfreundlichere Modelle etabliert (72, 73).

Um Präsentismus zu definieren, kann man sich zweierlei Ansätze bedienen. So können wirtschaftliche Konsequenzen (im Sinne von Produktivitätsverlust) oder Anwesenheit trotz Krankheit zentraler Punkt der Definition sein.

Häufig beschreiben angloamerikanische Autoren den Präsentismus als Produktivitätsverlust aufgrund von Krankheit am Arbeitsplatz. So beschreibt Hemp im Jahr 2004 Präsentismus folgendermaßen: „Researchers say that presenteeism — the problem of workers' being on the job but, because of illness or other medical conditions, not fully functioning can cut individual productivity by one-third or more" (74). Turpin et al. beschrieben im selben Jahr den Präsentismus auf ähnliche Art und Weise: „Impaired presenteeism occurs when workers are physically present but function at less than full productivity because of illness or other health conditions" (75). Interessant zu wissen wäre, was Turpin neben „illness" als „health conditions" ansieht. Schließlich können auch „health conditions" für Turpin ursächlich für den Präsentismus sein. Leider klärt Turpin diese Frage im Verlauf seiner Arbeit nicht auf.

Andere Autoren fokussieren sich bei ihrer Definition von Präsentismus auf die Anwesenheit trotz Krankheit. Dieser Philosophie folgen auch Kevin Dew und Klaus Zok in ihren Arbeiten aus den Jahren 2005 und 2008 (76, 77).

Kevin Dew ist Mitglied der Forschungsgruppe zum Präsentismus der Victoria Universität Wellington in Neuseeland. Sein Artikel „"Choosing" to work when sick: Workplace presenteeism" erschien im Fachmagazin *Social Science & Medicine*. Hier beschreibt er Präsentismus wie folgt: „Presenteeism is a concept used to describe the phenomen of working through illness and injury." Dew setzt in seiner Arbeit das Wort Choosing explizit in Anführungszeichen. Vermutlich weist er damit auf seine subjektive Wahrnehmung von Präsentismus hin. Dies passt zur Philosophie, dass Präsentismus oftmals ein von außen auferlegtes Phänomen ist. Häufig ist die Furcht vor dem Verlust der Arbeitsstelle Grund genug für das Arbeiten trotz Krankheit. Nicht selten wird dem Arbeitnehmer auch das Gefühl impliziert, er sei am Arbeitsplatz gänzlich unabkömmlich. Wenn Dew in seiner Arbeit die implizierten Gefühle thematisiert, spricht er von „postmodernen Theorien". Für ihn sind diese implizierten Gefühle ein Druckmittel des Arbeitgebers. Dieses Druckmittel hat für Dew gänzlich seine Berechtigung verloren. Er fordert ein Umdenken der Unternehmer. Dies gilt vor allem für die Produktivität eines kranken Mitarbeiters. Dew darf somit als Vertreter eines humanen Ansatzes in der Präsentismus-Forschung angesehen werden.

Klaus Zok ist Mitarbeiter am Wissenschaftlichen Institut der AOK in Berlin (AOK: Allgemeine Ortskrankenkasse, WidO: wissenschaftliches Institut der AOK). Das WidO unternahm im Jahr 2008 den Versuch, den Präsentismus in Deutschland zu definieren und zu quantifizieren. Hierzu diente eine Mitarbeiterumfrage nach dem Ja-Nein-Prinzip. Die Mitarbeiter machten Angaben zu ihrem Verhalten im Krankheitsfall im Laufe des vergangenen Jahres. So wurde ermittelt, ob ein Mitarbeiter trotz Krankheitsgefühl zur Arbeit gegangen war. Ebenfalls wurde erfasst, ob der Mitarbeiter gegen ärztlichen Rat auf der Arbeit erschienen war. In die Studie wurden ausschließlich Mitglieder der gesetzlichen Krankenversicherungen eingeschlossen.

Zok beschreibt Präsentismus als „Phänomen, dass „Kranke" zur Arbeit gehen" (77). So färbt auch Zok mutmaßlich seine Definition mit seiner subjektiven Meinung. Zok setzt das Wort Kranke in Anführungszeichen und lässt so Spielraum zur Interpretation.

Die AOK Deutschland subgruppiert sich in elf selbstständige gesetzliche Krankenkassen. Mit rund 26 Millionen Versicherungsnehmern hat die AOK eine nahezu Monopolstellung am Markt. Dass ein Vertreter der AOK das Wort Kranke in Anführungszeichen setzt, hat einen gewissen Beigeschmack. Man könnte postulieren, dass die AOK dem Erkrankten das wirkliche Kranksein nicht abnimmt.

Anhand der Daten von Klaus Zok wurden multiple Subanalysen durchgeführt. Die Ergebnisse wurden sehr differenziert und exakt veröffentlicht. Beispielweise wurde unterschieden, ob ein krankgemeldeter Mitarbeiter über eine ärztliche Krankschreibung verfügte oder nicht. Des Weiteren wurden Mitarbeiter identifiziert, welche entgegen dem eigentlichen subjektiven Krankheitsgefühl auf der Arbeit erschienen waren. Ebenfalls wurde untersucht, welche Mitarbeiter gegen ärztlichen Rat die Arbeitsstelle aufgesucht hatten. Wie erwähnt setzt Zok das Wort Kranke in Anführungszeichen. Üblicherweise haben Anführungszeichen in dieser Verwendung eine modalisierende Funktion. So mag hier auf Mitarbeiter hingewiesen werden, die ohne Krankschreibung der Arbeit ferngeblieben waren. Ebenfalls mag hier auf Mitarbeiter hingewiesen werden, welche trotz subjektiven Krankheitsgefühls dennoch bei der Arbeit erschienen waren. Im ersten Fall könnte Zok dem Mitarbeiter unerlaubtes Fernbleiben unterstellen. Im zweiten Fall könnte er unterstellen, dass der Mitarbeiter die Krankheitsschwere bewusst überschätzt hat, um einen sekundären Krankheitswert zu generieren. In jedem Fall scheinen die Anführungszeichen aus arbeitspsychologischer Sicht unglücklich gewählt.

Für den Erstbeschreiber des Präsentismus Auren Uris ist der Präsentismus als Gegensatz zum Absentismus zu verstehen. Sowohl für den Präsentismus als auch für den Absentismus ist das Vorliegen einer Erkrankung Voraussetzung. Beide Phänomene sind ohne tatsächliche Erkrankung nicht denkbar. Implizieren die Anführungszeichen von Zok, dass gar kein Krankheitsfall vorliegt, so ist seine Definition vom Präsentismus nichtig.

Dennoch sollen die Ergebnisse der Umfrage der AOK detailliert dargestellt werden. Ungeachtet der Definition von Präsentismus nach Zok erbrachte die Studie hoch interessante Daten (78). Die Kernaussagen der Umfrage der AOK lassen sich wie folgt zusammenfassen:

1. Die Häufigkeit von Krankmeldungen steht in Abhängigkeit zu Geschlecht und Alter der Befragten. Krankmeldungen von Mitarbeiterinnen sind im Schnitt häufiger als Krankmeldungen von Mitarbeitern. Dies spiegelt sich auch in der Anzahl der Arztbesuche wider (> als zehn Arztbesuche / Jahr: w = 10,9 %, m = 8,0 %).
2. Weibliche Mitarbeiter sind regelhaft länger krankgemeldet als ihre männlichen Kollegen (> 4 Wo. krankgemeldet: w = 12,0 %, m = 8,4 %).
3. Chronische Erkrankungen finden sich gehäuft bei älteren Mitarbeitern (16-30 J.: 26,5 %, 41-50 J.: 30,6 %). Nur etwa zwei von drei Mitarbeitern scheinen frei von chronischen Beschwerden zu sein.

4. Ältere Arbeitnehmer sind im Vergleich zu ihren jüngeren Mitarbeitern zwar seltener jedoch regelhaft länger krankgemeldet (< 1 Wo. krankgemeldet: 16-30 J.: 42,0 %, 51-65 J.: 24,9 %; > 4 Wo. krankgemeldet: 16-30 J.: 9,0 %, 51-65 J.: 21,6 %).
5. Subgruppenanalysen lassen vermuten, dass psychische Erkrankungen vermehrt in den Vordergrund treten. Jüngere Frauen scheinen hiervon besonders betroffen zu sein. Dabei führen psychische Erkrankungen regelhaft zu längeren Fehlzeiten.

Zurück zur groben Struktur der Studie der AOK. Zur Veranschaulichung des Phänomens Präsentismus führte die AOK eine Mitarbeiterumfrage durch. Zunächst wurde gefragt, ob ein Mitarbeiter krank zur Arbeit gegangen war. Anschließend wurde nachgefragt, ob man dies gegen ärztlichen Rat getan habe. 61,8 % der Befragten gaben an im Jahr 2007 krank am Arbeitsplatz erschienen zu sein. 38,2 % der Erkrankten mieden die Arbeitsstelle. Nur etwa zwei von drei Arbeitnehmern hielten sich an den ärztlichen Rat, sich außerhalb der Arbeit auszukurieren (66,7 %). Im Jahr 2003 hörten noch 70,5 % auf den ärztlichen Ratschlag, jedoch waren nur 28,2 % im Krankheitsfall der Arbeit ferngeblieben.

Ein unternehmenseigenes Gesundheitsmanagement ist wünschenswert, jedoch in Deutschland bisher nur in größeren Betrieben regelhaft etabliert. Alle Unternehmen des deutschen Aktienindex und etwa 75 % aller anderen deutschen Unternehmen besitzen ein betriebliches Gesundheitsmanagement (BGM) (79). Nach der Studie der AOK schien das BGM jedoch nur marginale Auswirkungen auf die konstitutionelle gesundheitliche Verfassung der Mitarbeiter zu haben. Beispielsweise litten in Unternehmen mit BGM im Jahr 2007 31,3 % unter einer chronischen Erkrankung. Unternehmen ohne BGM hatten diesbezüglich eine Quote von 30,9 % zu verzeichnen. Auch war die Anzahl an Mitarbeitern, welche öfter als zehnmal pro Jahr einen Arzt aufsuchten, nahezu identisch (2007 mit BGM: 9,1 %, 2007 ohne BGM: 9,6 %). Ein statistisch signifikanter Unterschied zeigte sich nicht. Es ließ sich lediglich ein gesundheitsförderlicher Trend zugunsten des BGM erahnen.

Jedoch hatte das BGM Einfluss auf die Anzahl der krankheitsbedingten Fehltage und den Präsentismus. Im Jahr 2007 unterschied sich die Anzahl an gemeldeten Krankheitsfällen zwischen Unternehmen mit und ohne BGM um 4,1 % (mit BGM: 55,9 %, ohne BGM: 60 %). Auch bezüglich des Präsentismus zeigten sich deutliche Unterschiede zwischen Unternehmen mit und ohne BGM. In Unternehmen mit BGM erschienen nur 54,6 % der Mitarbeiter bei der Arbeit, in Unternehmen ohne BGM waren es 64,4 %.

Diese Zahlen verdeutlichen die Bedeutung des BGM für ein modernes Unternehmen. Das BGM vermag die Gesunderhaltung und Prävention der Mitarbeiter zu verbessern. So ist es in der Lage den Präsentismus und den mit diesem Phänomen einhergehenden Produktivitätsverlust einzuschränken. Somit lohnt sich die Investition in die Gesundheit der Mitarbeiter sowohl im betriebswirtschaftlichen als auch im volkswirtschaftlichen Sinn.

Die besprochene Studie der AOK entstammt dem Jahr 2008. Die Autoren beschreiben eine Abnahme krankheitsbedingter Fehltage zwischen den Jahren 1975 und 2006. Im Jahr 2006 lag die Anzahl der Fehltage durch Krankschreibung im Mittel bei 15,4 Tagen.

Doch seit dem Jahr 2007 und somit nach dem Erfassen der Daten durch die AOK scheinen die durchschnittlichen Krankschreibungen wieder anzusteigen. So veröffentlichte *Statista – Das Statistik-Portal* jüngst Zahlen für die Jahre 1991 bis dato. Lag im Jahr 2007 der Krankenstand noch bei 3,22 % (Minimum seit Anbeginn der Auswertung), so liegt er im Jahr 2018 bei 4,4 %. Zwischen den Jahren 2007 und 2018 war ein nahezu stetiges Wachstum zu verzeichnen. Die Zahlen scheinen eindeutig. Kleine Ungenauigkeiten mögen jedoch die Interpretation der Daten erschweren.

Sowohl Zok als auch Statista sprechen in ihren Auswertungen an einer Stelle von Krankenstand an anderer Stelle jedoch von Krankschreibungen. Die Gleichsetzung der Begriffe ist nicht ganz korrekt. Schließlich kann ein Mitarbeiter bis zu zwei Tage ohne ärztliche Krankschreibung zu Hause verweilen und befindet sich dennoch im Krankenstand. Da sowohl Zok als auch Statista die Begriffe äquivalent verwenden, handelt es sich wohl um einen Störfaktor der vernachlässigbar ist (80). Zok sieht für die Abnahme an Fehltagen zwischen den Jahren 1975 und 2006 die bessere medizinische Versorgung und betriebliche Vorsorge ursächlich. Er erwähnt aber auch die zunehmende Angst vor dem Verlust der Arbeitsstelle. Die Angst ist für Zok ebenfalls ursächlich für die Abnahme an Fehltagen. Im Jahr 2003 gaben 52,8 % der Befragten an, den Verlust des Arbeitsplatzes zu befürchten. Im Jahr 2007 waren 54,2 % der Mitarbeiter von dieser Furcht betroffen.

Seit dem Jahr 2007 steigt die Anzahl der Krankschreibungen wieder an. Nach Zok's Theorie müsste im Umkehrschluss die medizinische Versorgung und die betriebliche Vorsorge wieder schlechter geworden sein. Die Arbeitsmarktsituation müsste hingegen deutlich besser geworden sein. Folglich wären immer weniger Mitarbeiter von der Furcht vor dem Verlust des Arbeitsplatzes betroffen gewesen. Laut Statista scheint sich Letzteres zu bewahrheiten. Die Arbeitslosenquote in Deutschland fällt seit 1996 nahezu kontinuierlich ab. Lag sie im Jahr 1996 noch bei 10,4 %, so liegt sie im Jahr 2018 nur noch bei 5,3 %. Doch die spezifische Zeitspanne um das Jahr 2006 stellt eine Ausnahme dar. Im Jahr 2005 verzeichnet Statista sogar den Peak der Arbeitslosenquote mit 11,7 %.

So passt die von Zok beschriebene Angst vor dem Verlust der Arbeitsstelle perfekt zum Arbeitsmarkt um das Jahr 2006. Mit sinkender Arbeitslosenquote in den Folgejahren stieg dann auch wieder die Anzahl an krankheitsbedingten Fehltagen.

Nach Zoks Theorie sind häufigere Krankmeldungen auch der Abnahme von Qualität und Quantität in der medizinischen Versorgung geschuldet. Ob die Qualität und Quantität in der medizinischen Versorgung seit dem Jahr 2007 wieder abgenommen haben, ist schwer nachvollziehbar. Harte Daten hierzu existieren nicht. Diesbezügliche Daten sind oft vom subjektiven Gefühl der Bevölkerung abhängig.

Die Ärztedichte in Deutschland weist eine inhomogene Verteilung auf. Die Bundesärztekammer sprach zum Jahreswechsel 2013/2014 von einer Verteilung von 175 Einwohnern pro Arzt in Bremen. In Brandenburg jedoch kamen auf einen Arzt 276 Einwohner. Im Jahr 1993 betrug die bundesweite Anzahl an Ärztinnen und Ärzten im ambulanten Bereich 5.397. Im Jahr 2017 waren es 10.406 und im Jahr 2013 bereits 22.303 Ärztinnen und Ärzte. Dieser Trend kann augenscheinlich als kontinuierliche Verbesserung in der medizinischen Versorgung gesehen werden. So scheint fraglich, ob eine Abnahme der Qualität und Quantität in der medizinischen Versorgung tatsächlich die Ursache für die vermehrten Krankheitstage sein kann.

Die Bundesärztekammer weist auf die stetige Abwanderung deutscher Ärzte hin. Mitunter mag dieser Trend Klarheit bringen. Die Bundesärztekammer darf wie folgt zitiert werden: „Das bedeutet, dass die Nachwuchsgewinnung in Deutschland aus eigener Kraft weiterhin ungenügend ist und Vakanzen nur durch Zuwanderung ausländischer Ärztinnen und Ärzte behoben werden können.“ Dabei weist der größte Anteil der ärztlichen Zuwanderer osteuropäische und griechische Wurzeln auf. Der größte Anteil der Zuwanderer verteilt sich auf die neuen Bundesländer. Es muss die Frage erlaubt sein, ob die medizinische Edukation der genannten Staaten mit der deutschen Ausbildung äquivalent zu werten ist. Auch die Sprachbarriere ist nicht zu vernachlässigen. Die Interpretation der wachsenden Zahlen an Ärztinnen und Ärzten im ambulanten Sektor unterliegt dem Faktor der Zuwanderung. Mitunter ist Quantität vielleicht nicht gleich Qualität. Der Zuwachs der Ärzteschaft ist kein eindeutiges positives Qualitätsmerkmal. Selbstverständlich ist der Zuwachs durch Zuwanderung auch nicht automatisch ein negatives Qualitätsmerkmal. Die Annahme von der stetigen Verbesserung der ärztlichen Versorgung durch Quantität mag jedoch einer detaillierten Prüfung nicht standhalten (81).

Im Jahr 2016 erstaunte die AOK mit einer neuen Veröffentlichung. Sie legte Zahlen vor, welche die eigenen Ergebnisse aus dem Jahr 2008 überwarfen. So sprach die AOK von einer stetigen Zunahme an Krankmeldungen in Deutschland. Im Jahr 2006 waren nur 4,2 % aller AOK-Mitglieder im Krankenstand. Elf Jahre später, im Jahr 2015, waren es bereits 5,3 %. Auch diese Zahlen stammen aus der Feder des wissenschaftlichen Institutes der AOK (WidO). Sie datieren vom November 2016 (82). Laut WidO sind vor allem krankhafte Störungen der Atemwege ursächlich für den Anstieg der Krankmeldungen. Aus den veröffentlichten Daten der WidO geht nicht hervor, ob die Krankmeldungen mit einer ärztlichen Krankschreibung einhergingen. So kann davon ausgegangen werden, dass jegliche Krankmeldung unabhängig von einer Krankschreibung in die Statistik aufgenommen wurde.

Im Jahr 2018 veröffentlichte die WidO erneut Studienergebnisse. Diese sollten Aussage darüber treffen, inwieweit Arbeiten an sich für Krankmeldungen verantwortlich sein kann. Etwa 2000 Probanden zwischen 16 und 65 Jahren wurden befragt, ob sie ihre eigene Arbeit als sinnvoll einschätzen. Wurde die eigene Arbeit als sinnvolle Tätigkeit wahrgenommen, führte dies zu weniger krankheitsbedingten Fehlzeiten. Wurde ein Arbeitnehmer krankgeschrieben und empfand seine Arbeit als sinnvoll, hielt er die Dauer der Krankschreibung genauer ein, als ein Arbeitnehmer der seine Arbeit als nicht sinnvoll bewertete (83). Das WidO unterschied zehn Krankheitsentitäten und Störungen, die im Zusammenhang mit als nicht sinnvoll empfundener Arbeit gehäuft auftraten. Vereinfacht werden die Arbeitstätigkeiten im Folgenden als „sinnlose Arbeit“ und „sinnhafte Arbeit“ bezeichnet. Die folgenden Systeme und Symptome waren von „sinnloser Arbeit“ betroffen:

1. Herz- und Kreislaufsystem
2. Gastrointestinales System
3. Immunsystem (Infektionsrisiko)
4. Aufmerksamkeit und Konzentration
5. Cephalgie (Kopfschmerz)
6. Schlafbezogene Störungen
7. Anhedonie (Lustlosigkeit)
8. Verausgabung und Erschöpfung
9. Muskuloskelettales System
10. Zustand der Unruhe, Aufregung und Nervosität

Tabelle 3 zeigt die Korrelation der eigenen Wertschätzung der Arbeit mit den aufgeführten Krankheiten und Beschwerden. Die prozentualen Angaben bilden den Anteil der Befragten ab, welche unter einer der genannten Beschwerden litt. Die Befragung war rein subjektiven Charakters, als dass kein Krankheitsnach-

Tabelle 3: Als sinnvoll oder nicht sinnvoll bewertete Arbeit und deren Folgeerscheinungen und Störungen (Häufigkeiten in %)

	als sinnvoll erachtete Arbeit	als nicht sinnvoll erachtete Arbeit	prozentuale Zunahme durch „nicht sinnvolle Arbeit“
Verausgabung und Erschöpfung	33,2	56,5	70,2
Muskuloskelettales System	34,0	54,1	59,1
Anhedonie	17,8	43,8	146,1
Zustand der Unruhe	21,7	42,6	96,3
Schlafbezogene Störungen	11,4	34,0	198,2
Cephalgie	16,9	33,8	100,0
Aufmerksamkeit und Konzentration	11,7	25,3	116,2
Immunsystem (Infektionsrisiko)	9,7	15,1	55,7
Gastrointestinales System	5,2	13,9	167,3
Herz- und Kreislaufsystem	3,5	10,6	202,9

weis zur Aufnahme in die Statistik notwendig war. Am häufigsten litten Befragte mit „sinnloser Arbeit“ unter dem Gefühl der Verausgabung und Erschöpfung. Im Weiteren folgten Beschwerden des muskuloskelettalen Systems, das Gefühl der Anhedonie, der Zustand der Unruhe, Schlafstörungen, Cephalgie, Konzentrationsstörungen, Infektionen, Störungen des gastrointestinalen Systems und zuletzt Störungen des Herz- und Kreislaufsystems.

Der Autor der vorliegenden Arbeit erlaubte sich, die Durchschlagskraft „sinnloser Arbeit“ zu ermitteln. Hierfür wurde die „sinnlose Arbeit“ mit der „sinnhaften Arbeit“ ins Verhältnis gesetzt. So geschehen für alle zehn Krankheitsentitäten und Störungen. Das Gefühl der sinnlosen Arbeit scheint im Fall von Herz-Kreislauf-Erkankungen die höchste Relevanz zu besitzen. Hier zeigte sich eine Zunahme von 202,9 % beim Vergleich „sinnloser Arbeit“ mit „sinnhafter Arbeit“. Weitaus häufigere Symptome wie Erschöpfung oder Beschwerden des muskuloskelettalen Systems scheinen vergleichsweise geringe Dependenz zur Sinnhaftigkeit der Arbeit zu haben. Hier konnte nur eine Zunahme von

70,2 % bzw. 59,1 % verzeichnet werden. In jedem Fall bestätigen die Zahlen die positive Korrelation von „sinnloser Arbeit“ und der Zunahme körperlicher Beschwerden.

4.2 Die Prävalenz

Die folgenden Ergebnisse stammen aus dem Jahr 2016. Veröffentlicht wurden sie im Magazin *HausArzt*. Das Magazin beruft sich diesbezüglich auf Zahlen des *Institutes für Marktforschung – GfK Nürnberg* aus dem gleichen Jahr (GFK: Gesellschaft für Konsumforschung). Es wurde untersucht, ob unterschiedliche Berufsgruppen sich hinsichtlich des Phänomens Präsentismus unterscheiden. Die GFK führte diesbezüglich eine Arbeitnehmerumfrage mit etwa 600 Teilnehmern durch (84). In die Auswertung flossen Ergebnisse des DGB aus dem Jahr 2015 ein. Hier hatte der DGB 4600 Arbeitnehmer befragt, ob sie im Vorjahr mindestens eine Woche lang krank bei der Arbeit erschienen waren (85). Tabelle 4 zeigt ausschnittsweise das Verhalten der Berufsgruppen im Krankheitsfall.

26 Berufsgruppen wurden unterschieden. Führend bezüglich des Präsentismus schienen Angehörige der Heilberufe. Etwa 60 % dieser Berufsgruppe waren trotz Erkrankung mindestens eine Woche lang zur Arbeit gegangen. Der DGB schloss sowohl Ärzte und Krankenpfleger als auch alle anderen Berufe mit unmittelbarem Patientenkontakt in diese Berufsgruppe ein. Selbstverständlich lag hier ein Ansteckungspotenzial für die Patienten vor. Gebäudetechniker und Mitarbeiter der Logistik waren in 55 % bzw. 54 % der Fälle erkrankt bei der Arbeit erschienen. Das positive Schlusslicht der Datenerfassung stellten Mitarbeiter der Informationstechnologie (IT) dar. Aus dieser Branche waren nur 24 % im Vorjahr der Umfrage mehr als eine Woche krank auf der Arbeit. (Anmerkung: Keine Zahlen finden sich bezüglich der Erkrankung eines Arbeitnehmers und dem Phänomen des „Home Office“. Gerade in Subgruppen mit Bürotätigkeit ist ein Arbeiten trotz Erkrankung im häuslichen Umfeld denkbar. So scheint es dem Mitarbeiter der IT-Branche leichter möglich, erkrankt im häuslichen Bereich seiner Arbeit nachzugehen, als dem Angehörigen der Heilberufe.) Über alle Berufsgruppen hinweg lag der durchschnittliche Anteil des Präsentimus bei 47 %.

Tabelle 4: Präsentismus nach Berufsgruppen
(Anwesenheit bei der Arbeit trotz Krankheitsfall in %)

	Anwesenheit in der Arbeit trotz Krankheitsfall in %
Angehörige der Heilberufe	60
Gebäudetechniker	55
Mitarbeiter der Logistik	54
Berufe mit Lehrtätigkeit	53
Anwälte	52
Soldaten	51
Reinigungskräfte	48
Metzger, Bäcker	46
Gastronomie / Hotelgewerbe	39
IT-Branche	24

4.3 Die Folgen

4.3.1 Die Volkswirtschaft und das Unternehmen

Im Zentrum der größten Studien zum Präsentismus steht der betriebswirtschaftliche und volkswirtschaftliche Verlust. Dieser ist in der Regel der eigenschränkten Produktivität der erkrankten Mitarbeiter geschuldet. Vor allem Studien aus dem anglo-amerikanischen Raum fokussieren sich hierauf.

Selbstverständlich führt auch der Absentismus zu Kosten für das Unternehmen und die Volkswirtschaft. Diejenigen Ausgaben, welche vom Absentismus verursacht werden, sind jedoch regelhaft niedriger als die Ausgaben, welche der Präsentismus mit sich bringt.

Man schätzt, dass etwa 12 % der Produktivitätseinbußen eines Unternehmens auf gesundheitliche Einschränkungen der Mitarbeiter zurückzuführen sind. Der Präsentismus scheint dabei zweimal so bedeutend wie der Absentismus (86). Die Berechnung der Gesamtkosten des Präsentismus und des Absentismus gestaltet sich schwierig. Die Folgen beider Phänomene sind schwer zu erfassen. Ein häufiges Problem ist die Umrechnung persönlicher immaterieller Konsequenzen in monetäre Werte. Fehlzeiten von Mitarbeitern ziehen häufig komplexe Kaskaden nach sich. Jeder Mitarbeiter ist individuell. Daher kann nicht jeder Fehltag identisch bewertet werden. Der Ausfall einer Reinigungskraft bedingt oft weniger Produktivitätsverlust für ein Unternehmen als der Ausfall eines leitenden Angestellten. Der Ausfall an einem Brückentag mit wenig Kundenaufkommen kann geringere Kosten verursachen als der Ausfall an einem kundenreichen Wochentag.

So sind die Studienergebnisse der Präsentismus-Forschung selten einheitlich. Unterschiedliche Herangehensweisen verschiedener Autoren führen zu divergenten Ergebnissen. Die Abweichungen sind eindrücklich.

Mehrere Autoren unternahmen den Versuch die jährlichen volkswirtschaftlichen Einbußen, die durch den Präsentismus verursacht wurden, zu quantifizieren. Hierbei konzentrierten sie sich jeweils auf den diesbezüglichen Produktivitätsverlust und dessen Kosten. Bödeker et al. schätze den Verlust im Jahr 2008 auf etwa 7,2 Milliarden Euro (87). Goetzel et al. ermittelten im Jahr 2004 gar die horrende Summe von 143,6 Milliarden Euro — eine volkswirtschaftliche Katastrophe.

Booz & Company ermittelten Im Jahr 2011 die Kosten des Präsentismus für ein deutsches Unternehmen. In einem Jahr kostete der Präsentismus eines Mitarbeiters das Unternehmen durchschnittlich 2.399 Euro. Der Absentismus hingegen kam die Unternehmen mit 1.199 Euro deutlich günstiger (88).

4.3.2 Die Kranken

In der Literatur finden sich keine exakten Angaben zu den Folgen des Präsentismus für die Erkrankten selbst. Wie erwähnt fokussieren sich die meisten Studien zum Präsentismus auf die betriebs- und volkswirtschaftlichen Konsequenzen. So können nur wage Vermutungen zum Ausmaß der Folgen der erkrankten Mitarbeiter angestellt werden. Denkbar sind finanzielle Einbußen. Diese entstehen z.B. durch Pharmaka, welche zur Symptomkontrolle oder raschen Genesung erworben wurden. Zur Symptomkontrolle mögen sich Betroffene mit fiebersenkenden Arzneimitteln eingedeckt haben. Ohne ärztliches Rezept wären die Kosten hierfür gänzlich von den Erkrankten selbst zu tragen.

Ein erkrankter Arbeitnehmer kämpft regelhaft mit Leistungseinbußen am Arbeitsplatz. Der aufmerksame Arbeitgeber wird dies zur Kenntnis nehmen. Häufig ist der Arbeitgeber über die Erkrankung des Arbeitnehmers gar nicht informiert. Schließlich ist der Arbeitnehmer trotz Erkrankung bei der Arbeit erschienen und stellt sich somit als gesund dar. Mitunter schätzt der Arbeitgeber die Krankheitsschwere des Arbeitnehmers falsch ein („So schlimm scheint es ja nicht zu sein“). Unterm Strich mag der Arbeitgeber an der Wirksamkeit seines Mitarbeiters zweifeln. Eine Kündigung aufgrund mangelnder Arbeitsleistungen ist denkbar. So entstünden weitere Kosten für den Arbeitnehmer. Vorausgesetzt, dass das Entgelt der Arbeitslosigkeit unter dem Entgelt der Lohnfortzahlung liegt.

Krank zur Arbeit gehen ist häufig „Quälerei“. Dieses Gefühl in monetäre Werte umzurechnen, ist praktisch unmöglich. Drei Beispiele sollen die Problematik verdeutlichen.

Die liegende Position ist bei bestimmten orthopädischen Erkrankungen heilsam. Wer sich bei der Arbeit hinlegt, mag jedoch schnell faul erscheinen. So ist die Schonhaltung während der Arbeit schwer einzuhalten. Es werden lieber Schmerzen in Kauf genommen. Vor allem bei Rauchern neigen Infektionen der Atemwege zur Chronifizierung. Wer sich nicht auskuriert und sich keine Ruhe gönnt, riskiert den sogenannten Etagenwechsel. Das heißt, dass die Infektion von den oberen Atemwegen in die unteren Atemwege wandert. Dort setzt sich zähes Sekret fest, was das Risiko einer Lungenentzündung erhöht.

Viele Arbeitnehmer leiden unter einem falschen Pflichtgefühl. Aus diesem Gefühl heraus schleppen sie sich krank zur Arbeit. Sie haben das Bedürfnis, ihre Arbeitskollegen und den Arbeitgeber nicht im Stich zu lassen, doch sehen sich die Kollegen und Vorgesetzten häufig von einer Ansteckung bedroht. Dies mag zu Unmut gegenüber dem erkrankten Mitarbeiter führen, was psychische Konsequenzen für den Erkrankten nach sich ziehen kann.

Mit welchen monetären Kosten die genannten Beispiele für die Erkrankten einhergehen, ist schwer abzuschätzen und sicher vom Einzelfall abhängig.

5 Schlusswort

Gesundheitsökonomie — im Sinne des Wortes, so lautete der primäre Arbeitstitel der vorliegenden Arbeit.

Der Autor unternahm den Versuch die Begrifflichkeit Gesundheitsökonomie aus einem alternativen Blickwinkel zu betrachten. Es sollte geklärt werden, was wir im Allgemeinen unter Gesundheit und Ökonomie verstehen. Zudem sollte veranschaulicht werden, ob wir mit unserer Gesundheit ökonomisch umgehen. Leider, so darf man sagen, tun wir das zu selten.

Ein gesundheitsökonomisches Negativbeispiel ist der Präsentismus. Die Definitionen dieses Phänomens sind mannigfaltig und nicht eindeutig. Doch verstehen wir im Allgemeinen darunter einen Mitarbeiter, der trotz bestehender Erkrankung den täglichen Weg zur Arbeit findet. Die Folgen des Präsentismus sind horrende. Dies gilt sowohl für die Wirtschaft als auch für den Betroffenen selbst. Umso wichtiger scheint die mediale Präsenz der Thematik. Diese nimmt erfreulicherweise stetig zu. Nur so kann Aufklärung stattfinden und der Gesundheit Genüge getan werden.

Das ökonomische Prinzip wünscht sich ein ideales Verhältnis zwischen Aufwand und Ertrag, doch führt nicht immer der Mehraufwand zu mehr Ertrag. Ein Mitarbeiter, der erkrankt seiner Arbeit nachgeht, betreibt vermehrten Aufwand und mindert doch gleichzeitig den Ertrag. Dieses Phänomen ist weder gesund noch ökonomisch. So lehrt uns die Forschung.

Die Gesundheit ist ein hohes Gut. Vielleicht ist sie das höchste Gut, doch ist sie fragil. Die Gesundheit verzeiht viel, ist sie aber einmal gänzlich gebrochen, können bleibende Schäden entstehen.

Lassen Sie uns ökonomisch mit der Gesundheit umgehen. Bleiben Sie oder werden Sie gesund!

M. Solf, *Über die Gesundheitsphilosophie zum Präsentismus*,
https://doi.org/10.1007/978-3-658-25388-2_5

Literaturverzeichnis

(1) Nowak, D. Arbeitsmedizin und klinische Umweltmedizin. München: Elsevier GmbH; 2010

(2) https://www.arbeitsrechte.de/krankmeldung-ab-wann/

(3) https://de.statista.com/statistik/daten/studie/158869/umfrage/anzahl-der-aerzte-in-deutschland-seit-1990/

(4) https://de.statista.com/statistik/daten/studie/1217/umfrage/entwicklung-der-gesamtbevoelkerung-seit-2002/

(5) https://de.wikipedia.org/wiki/Google

(6) https://de.wikipedia.org/wiki/Wikipedia

(7) https://de.wikipedia.org/wiki/Duden

(8) https://www.duden.de/

(9) https://www.duden.de/rechtschreibung/Krankheit

(10) Freimüller, L. Antistigma-Kompetenz in der psychiatrisch-psychotherapeutischen und psychosozialen Praxis. Stuttgart: Schattauer; 2012: 4-5.

(11) https://de.wikipedia.org/wiki/Gesundheit

(12) https://www.thieme.de/de/heilpraxis/attest-vom-heilpraktiker-voellig-okay.htm

(13) Schaaf, Ch. Basiswissen Humangenetik. Heidelberg: Springer Medizin Verlag; 2008

(14) Buser, K. Medizinische Psychologie, Medizinische Soziologie. München: Elsevier Verlag; 2007

(15) http://flexikon.doccheck.com/de/Gesundheit

(16) Pieroth, B. Grundrechte Staatsrecht II. Heidelberg: Hüthig Verlagsgruppe; 2011

(17) Fritze, L. Die Tötung Unschuldiger. Berlin: Walter de Gruyter GmbH & Co.; 2004

(18) https://de.wikipedia.org/wiki/Talcott_Parsons

(19) Parsons, T. The social system. London: Routledge & Paul; 1951

(20) Noack, H. „Concepts of health and health promotion“ in „Measurement in health promotion and protection“. Kopenhagen: WHO; 1987: 5-28

(21) Ducki, A. Diagnose gesundheitsförderlicher Arbeit: eine Gesamtstrategie zur betrieblichen Gesundheitsanalyse. Zürich: vdf Hochschulverlag; 2000

(22) Rimann, M. Arbeiten, gesund sein und gesund bleiben: Theoretische Überlegungen zu einem Ressourcenkonzept. Gießen: psychosozial verlag; 1992

M. Solf, *Über die Gesundheitsphilosophie zum Präsentismus*,
https://doi.org/10.1007/978-3-658-25388-2

(23) Ducki, A., Greiner B. „Gesundheit als Entwicklung von Handlungsfähigkeit – Ein arbeitspsychologischer Baustein zu einem allgemeinen Gesundheitsmodell" in „Zeitschrift für Arbeits- und Organisationspsychologie". 1992: 36, 184-189

(24) Zeidler, H.et al. Die innere Medizin. Referenzwerk für den Facharzt. Stuttgart: Schattauer Verlag; 2007

(25) Allgemeines Sozialversicherungsrecht. § 120 Abs. 1 Ziffer 1.

(26) http://www.ris.bka.gv.at/Dokument.wxe?Abfrage=Bundesnormen& Dokumentnummer=NOR40110966

(27) Welling, L. Genetisches Enhancement. Grenzen der Begründungsressourcen des säkularen Rechtsstaates?. Berlin: Springer Verlag; 2014

(28) https://de.wikipedia.org/wiki/Krankheit#cite_note-13

(29) https://www.haufe.de/personal/personal-office-premium/sommer-sgbv-27-krankenbehandlung-221-krankheit_idesk_PI10413_HI2052905.html

(30) http://www.thorwart-online.de/Seite_Psyche %20und %20Krankheit.htm

(31) http://imb-consult.de/index.php/krankheitsdefinition/

(32) https://meinehaarklinik.de/bezahlt-die-krankenkasse-meine-haartransplantation/

(33) https://openjur.de/u/273149.html

(34) Huch, R. Ich bin schwanger: Woche für Woche rundum gut beraten. Stuttgart: Georg Thieme Verlag KG; 2015

(35) https://www.medizinpopulaer.at/kontakt/ueber-uns.html

(36) https://www.medizinpopulaer.at/archiv/medizin-vorsorge/details/article/bett-oder-buero.html

(37) https://www.pschyrembel.de/Fieber/K07SB

(38) Hahn, J.-M. Checkliste Innere Medizin. Stuttgart: Georg Thieme Verlag KG; 2010

(39) Fueßl, H. S. Innere Medizin in Frage und Antwort. Stuttgart: Georg Thieme Verlag KG; 2001

(40) http://flexikon.doccheck.com/de/Fieber#Physiologie

(41) B. H. Lee et al. „Association of body temperature and antipyretic treatments with mortality of critically ill patients with and without sepsis: multi-centered prospective observational study" in „Crit Care". 2012: 16

(42) Singer et al. „The Third International Consensus Definitions for Sepsis and Septic Shock (Sepsis-3)" in „JAMA". 2016: 315

(43) Kreger, B. E., Craven, D. E., McCabe, W. R. „Gram-negative bacteremia. III. Reassessment of etiology, epidemiology and ecology in 612 patients" in „Am J Med". 1980: 68

(44) https://emedicine.medscape.com/article/168943-overview

(45) https://de.wikipedia.org/wiki/SOFA-Score

(46) Wade, S., Büssow, M., Hanisch, E. „Epidemiologie von SIRS, Sepsis und septischem Schock bei chirurgischen Intensivpatienten“ in „Der Chirurg“. 1998: 69

(47) Ortlepp, J. R. Internistische Akut-, Notfall- und Intensivmedizin: Der ICU-Survival-Guide. Stuttgart: Schattauer Verlag; 2016

(48) https://www.central.de/ueber-central/presse/praxis-dr-internet/

(49) https://de.wikipedia.org/wiki/Gesundheits %C3 %B6konomie

(50) https://www.ispor.org/

(51) Berger, M. L. Health care cost, quality, and outcomes : ISPOR book of terms. Lawrencewville: International Society for Pharmacoeconomics and Outcomes Research; 2003

(52) Georg, S. Grundbegriffe und Teilbereiche der BWL. Ökonomisches Prinzip, Kennzahlen, Bestandsgrößen, Unternehmen. München: GRIN Verlag, Open Publishing GmbH; 2015

(53) https://de.wikipedia.org/wiki/Wirtschaftswissenschaft

(54) Plenge, J. Die Stammformen der vergleichenden Wirtschaftstheorie. (Aristoteles, Adam Smith, List, Marx, B. Hildebrand, Schöneberg, Schurtz, Plenge). Staatswissenschaftliche Musterbücher 1. Leipzig: Baedeker; 1919

(55) http://www.bpb.de/nachschlagen/lexika/lexikon-der-wirtschaft/20259/oekonomie

(56) https://www.fau.de/files/2014/09/Informationsbrosch %C3 %BCre-BA-Lehramt-%C3 %96konomie-Wirtschaftswissenschaften.pdf

(57) https://www.duden.de/rechtschreibung/Oekonomie

(58) https://www.duden.de/rechtschreibung/oekonomisch

(59) Brater, J. Lexikon der verblüffenden Erkenntnisse: Nie Gehörtes aus Medizin, Biologie und Sport. Frankfurt am Main: Fischer Verlag; 2010

(60) Buddenbrock, W. Vergleichende Physiologie: Blut und Herz. Berlin: Springer Verlag; 1967

(61) Koch, R. Das 80/20-Prinzip: Mehr Erfolg mit weniger Aufwand. Frankfurt am Main: Campus Verlag; 2015

(62) https://en.wikipedia.org/wiki/Klinikum_Gro %C3 %9Fhadern

(63) http://www.klinikum.uni-muenchen.de/Klinik-fuer-Anaesthesiologie/de/klinikstruktur/Mitarbeiter/index.html

(64) Auren, U. „How to Build Presenteeism“ in „Petroleum Refiner“. 1955: 34

(65) http://www.faz.net/aktuell/beruf-chance/beruf/warum-grippeviren-bueros-lieben-15397903.html?printPagedArticle=true#pageIndex_0

(66) http://www.dgb.de/themen/++co++f11f069c-123c-11e8-9107-52540088cada

(67) https://www.dgb-bildungswerk.de/betriebsratsqualifizierung/trotz-grippe-krank-zur-arbeit

(68) Haas, W. Influenza: Prävention, Diagnostik, Therapie und öffentliche Gesundheit. München: Elsevier Verlag; 2009

(69) Luippold, K. Überlebenszeitanalyse extrakorporaler Kreislauf- und Lungenersatzverfahren auf einer internistischen Intensivstation. Albert-Ludwigs-Universität Freiburg im Breisgau; 2013

(70) Goetzel, R. Z. „Health, Absence, Disability, and Presenteeism Cost Estimates of Certain Physical and Mental Health Conditions Affecting U.S. Employers" in „J Occup Environ Med.". 2004: 46

(71) https://de.statista.com/statistik/daten/studie/236799/umfrage/volkswirtschaftliche-schaeden-durch-chronische-erkrankungen-von-arbeitnehmern/

(72) https://www.ndr.de/fernsehen/sendungen/weltbilder/USA-Keine-Lohnfortzahlung-im-Krankheitsfall,weltbilder6824.html

(73) https://www.welt.de/print/die_welt/wirtschaft/article132163721/Bei-der-Lohnfortzahlung-sind-die-USA-Schlusslicht.html

(74) Hemp, P. „Presenteeism: At work - but out of it." in „Harvard Business Review". 2004: October

(75) Turpin, R. S., Ozminkowski, R. J., Sharda C. E. et al. „Reliability and validity of the Stanford presenteeism scale." in „J Occup Environ Med.". 2004: 46

(76) Dew, K., Keefe, V., Small, K. „"Choosing" to work when sick: Workplace presenteeism." in „Social Science & Medicine". 2005: 60

(77) Zok, K. Krank zur Arbeit: Einstellungen und Verhalten von Frauen und Männern beim Umgang mit Krankheit am Arbeitsplatz. Fehlzeiten Report 2007. Heidelberg: Springer Verlag; 2008

(78) Zok, K. „Gesundheitsprobleme von Arbeitnehmern und ihr Verhalten im Krankheitsfall. Ergebnisse aus zwei Repräsentativumfragen unter GKV-Mitgliedern." in „WIdOmonitor". 2008: 1

(79) Uhle, T., Treier, M. Betriebliches Gesundheitsmanagement. Gesundheitsförderung in der Arbeitswelt - Mitarbeiter einbinden, Prozesse gestalten, Erfolge messen. Berlin: Springer Verlag; 2015

(80) https://de.statista.com/statistik/daten/studie/5520/umfrage/durchschnittlicher-krankenstand-in-der-gkv-seit-1991/

(81) https://www.bundesaerztekammer.de/ueber-uns/aerztestatistik/aerztestatistik-der-vorjahre/aerztestatistik-2013/die-aerztliche-versorgung-in-der-bundesrepublik-deutschland/

(82) https://de.statista.com/infografik/6709/zahl-der-krankmeldungen-in-deutschland/

(83) Schröder, H. Sinnerleben im Beruf hat hohen Einfluss auf die Gesundheit. Fehlzeiten Report 2018. Berlin: WIdO; 2008

(84) Becker, M. HausArzt - Das Magazin. Baierbrunn: Wort & Bild Verlag; 2016

(85) Welsch, R. „Mitarbeiter haben Angst, unersetzbar zu sein." in „Wirtschafts Woche". 2017: Oktober

(86) Fissler, E. R., Krause, R. Absentismus, Präsentismus und Produktivität. Betriebliche Gesundheitspolitik - Der Weg zur gesunden Organisation. Heidelberg: Springer Verlag; 2010

(87) Bödeker, W., Hüsing, T. iga Report 12, iga-Barometer 2. Welle, Einschätzungen der Erwerbsbevölkerung zum Stellenwert der Arbeit, zur Verbreitung und Akzeptanz von betrieblicher Prävention und zur krankheitsbedingten Beeinträchtigung der Arbeit. Essen: BKK BV, DGUV, AOK-BV, AEV; 2008

(88) https://www.aok-business.de/gesundheit/bgf-fuer-ihre-mitarbeiter/psychische-gesundheit/praesentismus/folgen-von-praesentismus-hohe-kosten-fuer-arbeitgeber/